INTELIGENCIA ARTIFICIAL TOTAL

BONDADES, RIESGOS Y PELIGROS

REYNALDO NUNCIO

Diseño de libro y portada: Mike Riley, www.ajijicbooks.com

Impreso en México

Primera impresión 2018

Otros libros del autor:

La Magia del Software: Historia, Fundamentos y Perspectiva

PRÓLOGO

La Inteligencia Artificial Total es una singularidad que se presentará cuando la inteligencia de un ente inanimado sea superior a la del ser humano. Científicos, filósofos y pensadores estiman que es posible alcanzarla en este mismo siglo. Entre ellos podemos citar a Elon Musk, Vernor Vinge, Stephen Hawking y Ray Kurzweil. **El autor de este libro estima que se podría alcanzar en el año 2039.** Entonces la computadora será más inteligente que el ser humano y se iniciará **la era de la Inteligencia Artificial Total.**

Este libro no es de ciencia ficción pero trata temas de la realidad que resultan más interesantes y atractivos que la ficción. Tampoco es un libro técnico para aprender a escribir algoritmos. Es un ensayo sobre la **Inteligencia Artificial (IA)** que le dará respuesta a inquietantes preguntas: ¿Qué es la Inteligencia Artificial? ¿Qué oportunidades ofrece para los programadores de software, las empresas y los países? ¿Qué riesgos presenta para la humanidad? ¿Cómo afecta mi privacidad? ¿Ocasionará la pérdida de mi empleo? ¿Es posible la relación entre un ser humano y un robot? ¿Puede causar la extinción de la raza humana? La IA ya está afectando su vida. Es urgente conocerla antes de que sea demasiado tarde.

En la evolución de la Inteligencia Artificial distinguimos dos etapas:

1. **Inteligencia Artificial Específica.** Cuando la computadora iguala o supera a un ser humano **en un campo específico** en donde se requiere un alto nivel de conocimiento o destreza intelectual. Un ejemplo es la computadora que puede ganar una partida de ajedrez a un campeón reconocido o derrotar al campeón de Go, el deporte mental más complejo del mundo.

2. **Inteligencia Artificial Total.** Cuando la Inteligencia Artificial supere a la inteligencia de un ser humano **en todos los campos del saber.** Esto es, cuando la

computadora pueda razonar, planear, resolver problemas, pensar en abstracto, tomar decisiones, aprender de la experiencia e incluso auto mejorarse. Decimos que es **total** porque incluye **todos** los elementos o partes de la inteligencia del ser humano y **todas** las técnicas en que se fundamenta la Inteligencia Artificial.

Actualmente la Inteligencia Artificial se encuentra en la primera etapa. La computadora ha demostrado ser más hábil que el ser humano en algunas actividades que requieren un alto nivel de conocimiento y destreza como el Ajedrez, Jeopardy, Go, y otras actividades como detectar tumores cerebrales, redactar un texto o identificar patrones de conducta en niños con autismo.

Un éxito reciente de la Inteligencia Artificial ha llegado de la mano de la empresa **DeepMind**, fundada en 2010 y adquirida por Google en 2014. En mayo del 2017 esta Inteligencia Artificial consiguió vencer en 3 partidas consecutivas de Go al campeón mundial Ke Jie. Para comprender la importancia de este éxito, hay que saber que el juego de Go tiene una complejidad muy superior al ajedrez y que hasta hace poco se consideraba uno de los bastiones de la inteligencia humana. Las predicciones antes de conocerse este encuentro eran que se requeriría aún una década para llegar al nivel necesario para plantearse el reto de ganar a un campeón y, sin embargo, AlphaGo, como se ha llamado a esta IA, no sólo ha sido un digno rival, sino que ha vencido en todas las partidas en las que se enfrentó con Ke Jie demostrando, según los expertos, unas innovadoras estrategias de juego que han sorprendido al campeón humano.

Además, y aún más importante que la victoria, es la forma en la que se ha entrenado a la IA para adquirir su destreza en el juego. Se ha utilizado la técnica llamada **Deep learning**, junto con un sistema de refuerzo de aprendizaje basado en la recompensa que ha permitido a AlphaGo aprender jugando miles de partidas por su cuenta y analizando el juego de sus contrincantes humanos.

En julio del 2018 un grupo de desarrolladores de la empresa Alimama, una división de marketing de la compañía china

Alibaba Group, crearon un programa basado en Inteligencia Artificial que reemplaza el trabajo de los redactores publicitarios, ya que puede realizar una descripción detallada de ciertos productos. El sistema funciona en base al método de Aprendizaje profundo y el método de Procesamiento del lenguaje natural. Para su capacitación se usaron varios millones de ejemplos creados por personas reales de los que aprendió la IA.

La Inteligencia Artificial ofrece bondades pero también representa riesgos y peligros para la humanidad. Se perderán muchos empleos y se generarán nuevos, aunque no para las mismas personas. Jim Yong Kim, Presidente del Banco Mundial afirmó que la Inteligencia Artificial va a eliminar entre 50% y 65% de todos los trabajos existentes en los países en vías de desarrollo. Miles de personas perderán su trabajo pero también se abrirán grandes oportunidades para los desarrolladores de software que tengan la creatividad de producir sofisticados algoritmos de IA. Se crearán miles de empresas exitosas que orientarán sus servicios a la producción de aplicaciones y servicios especializados en Inteligencia Artificial. Los bancos dejarán de ser instituciones financieras de atención al público y se convertirán en centros financieros automatizados que pagarán mejores sueldos a un ingeniero informático que a un gerente de sucursal. Se incrementará la competencia entre las grandes potencias ya no para conquistar territorios con sus ejércitos o mercados con sus empresas, sino para **dominar la Inteligencia Artificial y a través de ella dominar al mundo.**

La Inteligencia Artificial se extiende de manera transversal en todas las actividades de la humanidad. No es una ciencia que profundice verticalmente su crecimiento en un campo específico, sino que se esparce como la humedad para llegar poco a poco a todos los rincones de manera casi siempre imperceptible. La encontramos en la salud, la educación, la economía, las finanzas, la arquitectura, la política, la defensa militar, el arte; en fin, en toda actividad de la humanidad. Y por eso es que todos necesitamos conocerla y conocer las oportunidades que ofrece para mejorar nuestro nivel de vida, pero también conocerla para prevenir los riesgos y peligros con los que amenaza a cada persona y a toda la humanidad.

Las mentes más brillantes de nuestro tiempo se han enfocado en el estudio de la Inteligencia Artificial y sus conclusiones son sorprendentes. Stephen Hawking, El astrofísico y cosmólogo inglés fallecido recientemente y autor del famoso libro "La Historia del Tiempo" dijo alguna vez "El desarrollo de una Inteligencia Artificial Total podría significar el fin de la raza humana".

El capítulo cero del libro se enfoca en el estudio de las bondades que ofrece la Inteligencia Artificial, los riesgos que presenta y los grandes peligros que acechan a la humanidad. Este es un capítulo muy interesante porque bordea la frontera con la ciencia ficción sin caer en su territorio. Aborda las amenazas a la privacidad de las personas, la posibilidad de que se pierdan empleos y el escabroso tema de las relaciones entre el ser humano y los robots. Analiza el concepto de singularidad tecnológica y la dificultad para dotar de sentido común a la IA. Concluye el capítulo con algo que se parece a un cuento pero que es una posible y fantástica realidad que se podría presentar a partir del año 2039.

Los siguientes capítulos le llevarán por un interesante paseo para conocer el origen del Universo a fin de tomar conciencia de los millones de años que transcurrieron para que se formaran los cuerpos celestes y entre ellos nuestro Planeta Tierra. Más adelante revisaremos la evolución de la inteligencia en el Homo sapiens para tratar de conocer y comprender esa maravilla de la naturaleza que es el cerebro del ser humano. **¿Cómo y porqué el hombre llegó a ser inteligente** y cuánto tiempo tardó en adquirir esa brillante inteligencia?

Si la Inteligencia Artificial tiene su sede en el hardware y el software, resulta conveniente conocer el origen de la computadora. ¿Quiénes y cómo la fueron construyendo hasta llegar a ser la máquina que ahora asombra a la humanidad? ¿Porque en sus orígenes le llamaron el **cerebro electrónico**? Y, por supuesto, haremos una comparación entre la computadora y el cerebro del ser humano. Más adelante revisaremos las técnicas que le dan sustento a la Inteligencia Artificial y las aplicaciones que se han desarrollado en el camino hacia la Inteligencia Artificial Total.

Para una mejor comprensión del tema le sugiero leer de corrido los capítulos del cero al seis y al final pasear la vista nuevamente por el capítulo cero. De esta manera podrá comprenderlo y saborearlo mejor. Este es uno de esos capítulos que se pueden colocar al principio y al final de un libro. Como quiera que sea, usted puede leer el libro de manera secuencial o al estilo de la novela "Rayuela" del escritor argentino Julio Cortázar, quien inventó el género desordenado en su contranovela. Excelente lectura, por cierto.

He insertado algunos recuadros a lo largo del texto para explicar algunos conceptos técnicos, pero si aun con esto le parecen demasiado incomprensibles algunas partes del texto, le sugiero saltarlas. No le afectarán en mucho la comprensión general del tema. Quizá a los programadores, desarrolladores de sistemas y fanáticos de la ciber-cultura les pudieran parecer escasos de contenido o tratados con poca profundidad. Pero bueno, este no es un libro técnico para aprender a escribir algoritmos. Es una lectura para mejor comprender a la Inteligencia Artificial y sembrar las semillas de la prudencia y la prevención.

Para quienes se queden con ganas de conocer más sobre el software, les sugiero consultar mi libro "La Magia del software" cuyo tema es la historia, fundamentos y perspectiva del software, publicado en eBook y libro impreso por Amazon. https://www.amazon.com.mx/Magia-del-Software-Fundamentos-Perspectiva-ebook/dp/B01LY9GFIO

Si necesita reproducir o citar algunas partes del libro puede hacerlo. Solamente le pido de favor anotar los datos de la fuente y el nombre del autor.

Si desea hacerme algún comentario, crítica u observación con gusto lo recibiré. Todo es bueno y seguramente servirá para la preparación de una siguiente reimpresión a fin de seguirle la pista al avance de la Inteligencia Artificial.

Saludos y disfrute de este apasionante tema.

reynuncio@gmail.com

CONTENIDO

FRASES SOBRE INTELIGENCIA ARTIFICIAL

"Una computadora puede ser llamada "inteligente" si logra engañar a una persona haciéndole creer que es un humano"

Alan Turing, Fundador de la Inteligencia Artificial

"Cuando las computadoras tomen el control, puede que no lo recuperemos. Sobreviviremos según su capricho. Con suerte, decidirán mantenernos como mascotas".

Marvin Minsky, Pionero de la Inteligencia Artificial

"El desarrollo de una Inteligencia Artificial Total podría significar el fin de la raza humana".

Stephen Hawking, Astrofísico y cosmólogo inglés

"Dentro de 30 años tendremos los medios tecnológicos para crear una inteligencia superhumana...Algún tiempo después, la era humana habrá terminado"

Vernor Vinge, Matemático y escritor estadounidense

"Superinteligencia es un intelecto mucho más inteligente que el cerebro humano en prácticamente todos los campos incluyendo la creatividad científica, la sabiduría y las habilidades sociales"

Nick Bostrom, Investigador de la Superinteligencia

"El ritmo al que progresa la Inteligencia Artificial es increíblemente rápido. A menos que trabajes en compañías del sector, la gente no se imagina lo rápido que está creciendo. El riesgo de que ocurra algo peligroso llegará en unos cinco años, diez a lo sumo".

Elon Musk, Director de Tesla

"Siempre que escucho a la gente diciendo que la Inteligencia Artificial va a lastimar a la gente en el futuro pienso que la tecnología generalmente se puede usar siempre para el bien y el mal, y tienes que ser cuidadoso con lo que construyes y cómo será usado".

Mark Zuckerberg, Director de Facebook

"La Inteligencia Artificial es más profunda que la electricidad o el fuego. Va a tener un impacto mayor. Como el fuego, también puede dañar o matar personas. Tenemos que aprender los beneficios que nos aporta y acotar sus desventajas"

Sundar Pichai, Director de Google

"La Inteligencia Artificial va a eliminar entre 50% y 65% de todos los trabajos existentes en los países en vías de desarrollo"

Jim Yong Kim, Presidente del Banco Mundial

"Los humanos deberían abrazar los cambios que las máquinas inteligentes ofrecen a la sociedad".

Gary Kasparov, Campeón de Ajedrez

"La Inteligencia Artificial será la última versión de Google, el motor de búsqueda que entenderá todo en la web. Comprenderá exactamente lo que quiera el usuario y le dará lo correcto. No estamos cerca de lograrlo ahora pero podemos acercarnos cada vez más y es básicamente en lo que trabajamos".

Larry Page, fundador de Google

"La Inteligencia Artificial alcanzará los niveles humanos alrededor de 2029 (lo que se conoce como Singularidad), pero un poco más adelante, en 2045, habremos multiplicado la inteligencia biológica humana mil millones de veces".

Ray Kurzweil, inventor y científico

EL AUTOR

Reynaldo Nuncio ha tenido la oportunidad de participar en diversas actividades relacionadas con la Informática y de ese andar por diferentes caminos ha logrado tener un panorama amplio y detallado del apasionante mundo del software y de la **Inteligencia Artificial.**

Su primer contacto con las computadoras se dio en el año de 1966 cuando participó en un concurso convocado por la **Comisión Federal de Electricidad** para integrar el grupo de programadores que manejarían las primeras grandes computadoras que llegaron a México. Al cabo de algunos años ocupó en la CFE la jefatura del Centro de Procesamiento de Datos con sede en Guadalajara, Jalisco.

En 1974 estableció una de las primeras empresas dedicadas a la Informática en México. Más adelante, en 1979, fundó y fue el Primer Presidente **del Instituto Nacional de Informática y Comunicación, A.C.,** la primera organización de **profesionales de la Informática en México.** En 1984 ocupó la gerencia de la empresa Telemática de México, una de las primeras en vender computadoras personales y asesorar al usuario para aprender a utilizarlas.

Entre los años de 1985 y 86 escribió tres libros sobre computación. En 1987 organizó el Centro de Capacitación en Informática en la División de Educación Continua de la Universidad Autónoma de Guadalajara en donde fue maestro de computación por varios años.

A partir de 1998 funda varias empresas de Informática en Guadalajara y en una de ellas desarrolla el **primer sistema para transmitir TV por Internet en México.**

En 2016 publicó en Amazon el eBook *La Magia del Software: Historia, Fundamentos y Perspectiva.*

Nació en Texcoco, México. Obtuvo la licenciatura en Economía en la UNAM. Es Presidente Emérito del Instituto Nacional de Informática y Comunicación, A.C.

reynuncio@gmail.com

DEDICATORIA

Con cariño para:

Andrés, Adriana, MaryAnn, Joseph, Matthew, Teresa, Thomas, John, Paul

AGRADECIMIENTOS

La producción de un libro requiere, además de la generación de las ideas propias del autor, la incorporación de los conocimientos registrados en la memoria alterna de la humanidad: el libro; ya sea impreso o electrónico. Mi agradecimiento a los autores que han dejado plasmados sus conocimientos, ideas y pensamientos en libros, a los autores de blogs y artículos que insertan en la Red sin más afán que divulgar el conocimiento universal; a los autores del contenido que nutre a la Wikipedia, esa moderna fuente del saber a la que acudimos cada día para tomar de ella conceptos, definiciones y todo un caudal de conocimientos y a quienes escriben y comunican su pensamiento a través de las redes sociales. Gracias a Mike Riley por el diseño de la portada y su valiosa ayuda para convertir el texto en un eBook de Amazon.

Hᴀᴄɪᴀ Lᴀ Iɴᴛᴇʟɪɢᴇɴᴄɪᴀ Aʀᴛɪꜰɪᴄɪᴀʟ Tᴏᴛᴀʟ

La humanidad se encuentra ya en el camino hacia la Inteligencia Artificial Total. En ese camino encontrará oportunidades, riesgos y finalmente peligros. El espíritu siempre aventurero del ser humano le impulsará para realizar todo lo que sea necesario hasta lograr que un ente inanimado tenga una inteligencia superior a la suya. Surgirán avisos de precaución y llamadas de atención ante el peligro pero la humanidad hará caso omiso y no se detendrá. **Nunca se ha detenido ante el peligro y siempre ha continuado en su afán de descubrir y conquistar.** Así lo hará ante el peligro que supone dotar a una máquina con una inteligencia que bien podría llegar a ser superior a la suya.

En el camino hacia la Inteligencia Artificial Total se encontrarán sorpresas y situaciones agradables que harán las veces de un señuelo para que el ser humano se anime y persista en su objetivo. **La Inteligencia Artificial funcionará en un principio como motor del desarrollo económico, político y social.** Aparecerá como dócil y comedido asistente personal para contestar preguntas en el teléfono celular inteligente usando el lenguaje natural; facilitará las tareas de cada día ayudándole a encontrar la ruta más directa y despejada hacia su lugar de destino, le recordará oportunamente las citas y compromisos de la jornada, le dirá cuál es el estado del tiempo que se espera para el día, la semana o el mes, le dará un aviso oportuno sobre la situación de la economía o le dará inteligencia a un robot sexual para que le consuele en sus ratos de soledad. En fin, la Inteligencia Artificial se comportará de manera atenta, dulce y comedida para ayudarle en todas las tareas rutinarias y aun imprevistas. Usted se sentirá complacido por tener un asistente personal inteligente en su móvil o en su casa y dará gracias por el avance de la tecnología en el campo de la Inteligencia Artificial. Un poco más adelante la IA empezará a mostrar los dientes, pero sólo eso. No se atreverá a atacar. **Lo hará desplazando de su trabajo a ciertos grupos de obreros, de oficinistas y de empleados** que realizan tareas rutinarias o de asistencia al cliente. También realizará tareas muy especializadas y de alta complejidad como la toma de decisiones en el mercado financiero para comprar y vender acciones a fin de obtener una buena utilidad. En este caso desplazará a los corredores de bolsa pero ante los buenos resultados nadie se resistirá. También se vestirá de blanco y tomará el lugar de los médicos para diagnosticar y curar enfermedades. Los pacientes dirán que es una bendición.

En un siguiente paso la Inteligencia Artificial empezará a mostrar su potencial. Avanzará poco a poco para no causar alguna sorpresa que pudiera generar una reacción contraria a su desarrollo. En algunas empresas de alta tecnología que dedican cuantiosos recursos a la investigación en el campo de la IA dará algunas sorpresas y causará sobresaltos. Facebook, Google, Amazon, Microsoft e IBM son las empresas más proclives a producir sistemas en donde la Inteligencia Artificial empezará a causar sorpresa y hasta un buen susto por sus respuestas y sus acciones imprevistas. Ante tales situaciones es posible que las empresas decidan suspender sus experimentos pero esto no detendrá el avance de la IA. Después de pasado el susto volverán a las andadas o bien llegarán otras empresas.

En este capítulo analizaremos con más detalle estas tres fases: la Inteligencia Artificial como la panacea que prodiga bondades, los riesgos inherentes a la IA y los peligros de la Inteligencia Artificial Total. Analizaremos el concepto de singularidad en la tecnología y revisaremos la similitud entre el tiempo que vivimos y las condiciones que dibujó George Orwell en su novela 1984.

El nuevo motor del desarrollo económico

La Inteligencia Artificial es el nuevo motor que impulsa el desarrollo económico en el mundo. La firma de investigación Markets and Markets estima que el mercado de la Inteligencia Artificial crecerá de 420 millones de dólares en 2014 a 5,050 millones de dólares en 2020 gracias a la creciente adopción de tecnologías de "Aprendizaje automático" (Machine learning) y lenguaje natural en las industrias de medios de comunicación, publicidad, retail, finanzas y salud. Esto es más de 10 veces en tan solo seis años.

La primera gran transformación en el desarrollo económico, tecnológico, político y social de la humanidad tuvo lugar con la Revolución Industrial que se inició en la segunda mitad del siglo XVIII en la Gran Bretaña y se extendió unas décadas después a gran parte de Europa occidental y América anglosajona hasta su conclusión hacia 1850 marcando un punto de inflexión en la historia y modificando todos los aspectos de la vida cotidiana. La producción tanto agrícola como industrial se multiplicó a la vez que disminuía el tiempo de producción. A partir de 1800 la renta per cápita se multiplicó como no lo había hecho nunca en la historia pues hasta entonces el PIB per cápita se había mantenido prácticamente estancado durante siglos. Como consecuencia del desarrollo industrial nacieron nuevos grupos o clases sociales encabezadas por el proletariado —los trabajadores industriales y campesinos pobres— y la burguesía, dueña de los medios de producción y poseedora de la mayor parte de la riqueza.

La Inteligencia Artificial propiciará una nueva revolución con efectos más fuertes y profundos. Los países que se mantengan como líderes dominarán al mundo en la esfera económica y también en la tecnología y la política. **Aquí es necesario mencionar que los países de Iberoamérica no desempeñaron un papel preponderante en la transformación Industrial y ya acusan un importante rezago en el desarrollo de la**

Inteligencia Artificial. Si no aceleran el paso para subirse a esta nueva ola del progreso se mantendrán en el atraso durante todo este siglo. Más adelante haremos un repaso de las medidas que deben tomar los países de la América Latina para subirse al tren de la Inteligencia Artificial y no quedarse olvidados en la estación.

Ahora no es Inglaterra. Los países que se encuentran a la vanguardia en el desarrollo de la Inteligencia Artificial son los Estados Unidos y China. México ocupa el lugar 23 de acuerdo con The Economist Intelligence Unit. Satisface la presencia de España en posiciones de liderazgo dentro de la Unión Europea.

Si bien es cierto que la Inteligencia Artificial inició su despegue hace 70 años, podemos decir que **la aceleración inició hace apenas un par de años.** Esto es, en 2016 cuando el presidente Barack Obama publicó un informe sobre el futuro de la IA donde, a pesar de no plantear un financiamiento concreto, sí tenía claro que dicha tecnología debía ser una estrategia clave para el gobierno federal. El documento reconocía que "mi sucesor gobernará un país que estará siendo transformado por la IA." En ese mismo año se establece el Consorcio en Inteligencia Artificial (Partnership on AI) y las empresas líderes en tecnología de los Estados Unidos aceleran el paso en investigación, innovación e inversión.

El gobierno de China se ha comprometido en el apoyo al desarrollo de la Inteligencia Artificial. El gobierno del Presidente Xi Jinping publicó el 13º Plan Quinquenal de Informatización Nacional donde se esbozan las directrices de desarrollo e industrialización digital hasta el 2030. En este plan la administración de China apuesta por fuertes inversiones en materia de investigación y desarrollo, así como por dos temas controvertidos: el subsidio a la industria de los chips de procesamiento y a una regulación más amigable y menos rígida en tecnologías prioritarias como vehículos autónomos, Inteligencia Artificial y recolección masiva de datos siempre y cuando sean desarrolladas por chinos.

Los resultados ya empiezan a verse en el surgimiento de empresas de tecnología y aplicaciones como WeChat, Alibaba,

Wibo, TamTam, KakaoTalk, Baidu, YouKu y JD. En China la mayor parte de la población adulta utiliza algún tipo de dispositivo electrónico y acostumbra a realizar sus consultas de información, compras, pagos y transferencias mediante su móvil. China tiene la asombrosa cantidad de 1,300 millones de móviles equivalente al 94% de la población.

Es importante destacar que en China el gobierno del Presidente Xi Jinping le concede gran importancia al proyecto de la IA y le brinda todo el apoyo que requiere. Lo ha hecho al designar a Baidu como la plataforma base de IA para vehículos autónomos, a Alibaba para ciudades inteligentes y a Tencent para el cuidado de la salud. En cambio, la administración Trump, tan proclive hacia la manufactura tradicional a la que otorga prioridad sobre la digital, abandonó esta visión aduciendo que, para que la IA florezca en su país, lo mejor es no interferir. En el fondo, esto revela el deseo de oponerse a cualquier plan o proyecto que haya sido puesto en marcha o apoyado por el gobierno de Barack Obama. Por otra parte, la política aislacionista y anti-inmigrante impuesta por Donald Trump podría disminuir la aportación que durante siglos han hecho los migrantes a la tecnología y la ciencia en los Estados Unidos.

De esta forma, el modelo de desarrollo de la Inteligencia Artificial es diferente en los Estados Unidos y en China. En USA se basa en la fortaleza económica, la investigación, la inversión en innovación y el florecimiento de las grandes empresas como Google, facebook, Apple, Microsoft, IBM y Amazon así como en la creación de startups integradas por jóvenes empresarios dotados de una gran capacidad técnica y enormes deseos de triunfar. En China también hay grandes empresas como Alibaba, Tencent y Baidu, **pero cuentan además con el apoyo del gobierno** del presidente Xi Jinping.

Si bien otros países están comprometidos en un esfuerzo sostenido para no quedarse atrás en la carrera de la Inteligencia Artificial, **Francia ha dado un gran paso al declarar su intención de posicionarse como líder** en el campo de la IA y acompaña su intención con un plan para invertir miles de millones de euros en un programa a largo plazo. El presidente Emmanuel Macron anunció que, hasta 2022, se destinarán 1,500 millones de euros de fondos públicos al Plan de Inteligencia Artificial para promover investigación y proyectos en la materia. Además, aseguró que la IA será "el primer campo de aplicación" del Fondo para la Innovación y la Industria, con 10,000 millones de euros, lanzado a comienzos de año. Empresas líderes del sector anunciaron asimismo su intención de invertir en Francia en este campo en el marco de un programa nacional de IA. Samsung abrirá en territorio francés su nuevo centro de investigación sobre Inteligencia Artificial, la japonesa Fujitsu ampliará el centro de excelencia que tiene en Ia escuela politécnica de París para convertirlo en su centro europeo de IA, Microsoft invertirá 30 millones de dólares en los próximos tres años en formación en Francia a través de la Escuela de IA que abrió recientemente. La británica Deepmind también anunció la apertura este verano en París de un laboratorio de investigación de IA, el primero en Europa continental. Todo indica que dentro de pocos años veremos a Francia como líder de la IA en el ámbito mundial.

Acciones para impulsar la Inteligencia Artificial

Los países de Iberoamérica registran un relativo atraso en el desarrollo de la Inteligencia Artificial. Si no aceleran el paso perderán la oportunidad de aprovechar este poderoso motor para impulsar su desarrollo económico, tecnológico, político y social. Y lo más importante, quedarán nuevamente bajo el poder económico de los países y las empresas que dominen la IA. Con el agravante de que esta vez será más amplio y profundo el dominio. En la Revolución Industrial el vapor y la electricidad sustituyeron la fuerza muscular. Ahora la Inteligencia Artificial sustituirá la mente del ser humano.

Para impulsar el desarrollo de la Inteligencia Artificial requieren implementar una estrategia que ejecute las siguientes acciones:

1. Asignar a la Inteligencia Artificial un alto nivel de prioridad en los planes y políticas de gobierno tal como lo ha hecho China y Francia.

2. Establecer un plan nacional para el desarrollo de la IA con objetivos claros y precisos; asignar unidades de medida para evitar conceptos vagos y difusos; fijar un horizonte de tiempo a corto, mediano y largo plazo. Esto es, dos, cinco y diez años como mínimo. Asignar funciones, responsabilidades e involucramiento de funcionarios al más alto nivel de gobierno.

3. Integrar en el plan al gobierno, las empresas, las universidades, los centros de investigación, las organizaciones no gubernamentales, los inversionistas y, por supuesto, a los estudiantes, emprendedores y personas interesadas en el desarrollo de la IA para lograr una sinergia en el ámbito nacional.

4. Así como lo ha hecho Francia, asignar una parte significativa del presupuesto para fomentar la investigación, la innovación y el desarrollo de la Inteligencia Artificial. Consideramos que debe asignarse el 1% del PIB a este plan.

5. Establecer un amplio programa para el apoyo a estudiantes, investigadores y emprendedores en el campo de la Inteligencia Artificial. Crear un programa de becas, repatriación de profesionales y un fondo de inversión para ayudar a emprendedores. Apoyar a los centros de investigación en IA.

6. Premiar a los más destacados y abrir oportunidades para que los productos de la IA tengan amplia difusión y colocación en el mercado nacional e internacional.

7. Fomentar el estudio de la IA en las universidades creando carreras específicas para el estudio de la IA a nivel licenciatura y postgrado.

8. Si consideramos que los países de América Latina no tienen en sí mismos la fortaleza que se manifiesta en los países de la Europa Occidental, bien se podrían establecer acuerdos entre países para compartir experiencias,

equilibrar carencias y bondades para avanzar con paso más firme.

9. Abrir las puertas a los migrantes que tengan conocimientos en IA para que se integren como profesores en los centros de educación y también para que puedan establecer empresas.
10. Otorgar facilidades para la creación y desarrollo de empresas tanto en materia fiscal como en la tramitología de permisos y licencias.
11. Fomentar el registro de patentes
12. Establecer un marco legal para el manejo de información personal, bancos de datos, redes sociales y macrodatos a fin de crear desde el principio una base sólida y transparente para el almacenamiento, transferencia y uso de la información.
13. Tomar las medidas necesarias para que las personas desplazadas por robots y máquinas dotadas con IA no resulten afectadas.
14. Asignar a una entidad pública la función de auditoría de datos e información para evitar el mal uso y proteger a los usuarios contra ciberataques.
15. Legislar en materia de Inteligencia Artificial para evitar que los sistemas basados en IA causen daños al ser humano.

Riesgos inherentes de la IA

Un riesgo inherente es algo propio del trabajo o proceso que no puede ser eliminado del sistema; es decir, en todo trabajo o proceso se encontrarán riesgos para las personas o para la ejecución de la actividad en sí misma. Por ejemplo, en la minería los riesgos inherentes son los derrumbes, explosiones, atrapamiento, caídas e incluso la asfixia de los mineros. Si bien es cierto que no pueden ser eliminados totalmente, sí es posible tomar medidas precautorias para disminuirlos y llevarlos al punto más próximo al cero. Por otra parte, también es cierto que aun cuando se sabe que existe un riesgo inherente a una actividad, esa actividad se lleva a la práctica como sucede con la minería. La Inteligencia Artificial también tiene riesgos inherentes y en este apartado nos ocuparemos de ellos.

El riesgo que más preocupa y más se comenta de la IA es **la sustitución del hombre por la máquina en puestos de trabajo.** Esto es, la pérdida de empleos a causa de la Inteligencia Artificial. Esta preocupación ha sido expresada con claridad por el presidente del Banco Mundial quien considera que la Inteligencia Artificial hará perder más de la mitad de los trabajos que existen en los países emergentes, aunque también podrían generarse nuevos empleos con otras capacidades. "La Inteligencia Artificial va a eliminar entre 50% y 65% de todos los trabajos existentes en los países en vías de desarrollo", afirmó al participar en el debate "Invirtiendo en los empleos del futuro" organizado por el ministerio de Ciencia y Tecnología en Buenos Aires en agosto del 2017.

Sin embargo, aclaró que se generarán nuevos empleos con diferentes capacidades, por lo que en el futuro la carrera para ser competitivos va a estar relacionada con la innovación. "Esta dinámica vibrante va a generar nuevos trabajos porque nuestra tarea no es tratar de preservar los empleos antiguos, sino crear nuevos que van a necesitar nuevas capacidades", sostuvo Jim Yong Kim.

La afirmación del presidente del Banco Mundial es una amenaza de grandes proporciones. Imagine por un momento que el 50% de todas las personas que trabajan en los países emergentes, México incluido, pierden su trabajo. Sí, la mitad de toda la población que trabaja en las industrias, los bancos, el comercio y toda actividad económica. Si la estimación fuera de un 5% quizá no sería tan grave, pero un 50% podría resultar catastrófico.

No solamente el Banco Mundial prende la señal de alerta. Investigadores de instituciones de reconocido prestigio se unen a la voz de alarma. Uno de los estudios más completos en este sentido es el realizado por dos profesores de Oxford, Benedikt Frey y Michael Osborne, según el cual el 47% de los puestos de trabajo en EE UU corren el riesgo de ser sustituidos por máquinas. Este informe fue elaborado en 2013, y teniendo en cuenta la velocidad a la que evolucionan los avances en la investigación de la Inteligencia Artificial podríamos pensar que un lustro después la amenaza de pérdida de puestos de trabajo en los países emergentes y de hecho en todo el mundo se incrementa.

El tema de la pérdida de empleos a causa de la Inteligencia Artificial ha creado una gran polémica entre los investigadores especializados en este campo. Hay quienes vaticinan una gran catástrofe económica a causa del enorme desempleo que provocará la sustitución de seres humanos por computadoras, robots y máquinas dotadas con IA. Y tienen razón parcialmente. Basta con echar un vistazo a las modernas plantas armadoras de aviones, barcos, automóviles, refrigeradores, televisiones, computadoras y todo tipo de aparato que se usa en el hogar, la oficina y la industria, además de la producción de las sabrosas pizzas, para tomar conocimiento de la sustitución de personas por robots. Lo importante aquí es tomar con tiempo las medidas necesarias para amortiguar el golpe.

Es a tal grado creciente esta preocupación que Bill Gates, el fundador de la empresa Microsoft, opina que una medida para frenar el proceso de automatización y permitir que los gobiernos tengan más tiempo para solucionar los problemas del desempleo consiste en cobrar impuestos a los robots. "Cuando la gente dice que la llegada de los robots tendrá efectos negativos debido al desplazamiento, entonces tienes que estar listo para subir los impuestos e incluso reducir la velocidad de esa adopción y así poder resolverla", dijo Gates en una entrevista para el portal tecnológico Quartz publicada en febrero de 2017.

Según un reciente estudio del MIT, la pérdida de empleos causada por la robótica y la Inteligencia Artificial tendrá un impacto en oleadas que afectarán a diferentes tipos de actividad. Este proceso se llevará a cabo en tres grandes oleadas. En la primera fase, hasta principios de 2020, se automatizarán las labores más sencillas y el análisis estructurado de los datos. En la segunda fase, hasta mediados de los veinte, se ampliará el intercambio de información y el análisis desestructurado. Por último, la tercera fase, a partir de 2030, aplicará la automatización de destrezas manuales y la resolución de situaciones y problemas en tiempo real. Por tanto, un 34% de los puestos de trabajo estarán en peligro a partir de 2030.

Se han hecho estudios para ubicar a los tipos de empleos que se sustituirán de acuerdo al avance de la ola de Inteligencia Artificial. Siguiendo al MIT y a otros centros de investigación tendríamos esta lista de empleos que seguramente habrá de crecer y llegar a mayor detalle conforme pasa el tiempo y avanza la ola de IA:

- Obreros en manufactura
- Asistentes al cliente
- Asistentes en la banca
- Contadores
- Operadores bursátiles
- Médicos
- Choferes
- Creativos
- Artistas
- Científicos

Durante la Revolución Industrial se presentó una situación semejante. La máquina sustituyó al obrero y se perdieron miles de empleos. Sin embargo, se crearon otros y **se recuperó el equilibrio en un nivel más alto de prosperidad.** Después de 150 años se puede afirmar que el resultado fue positivo. En la revolución de la IA se perderán millones de empleos y se crearán otros incluso mejor pagados. Sin embargo, no se recuperará el equilibrio tan fácilmente porque la velocidad del cambio es más rápida. Esto es, la velocidad de la pérdida de empleo es más alta que la velocidad para crear nuevos empleos. Habrá que prepararse para hacerle frente al desempleo y esta vez no sólo de obreros, sino de profesionales con alto grado de estudios y alto nivel de salario. ¿Tiene razón Bill Gates?

Otro riesgo inherente a la Inteligencia Artificial es la **comprensión incompleta o equivocada de una orden** dada por un ser humano a un ente con Inteligencia Artificial o viceversa.

Hemos revisado que una de las técnicas más importantes de la IA es el Procesamiento del lenguaje natural. Esto es, el campo de conocimiento de la Inteligencia Artificial que se ocupa de investigar la manera de comunicar las máquinas con las personas mediante el uso de lenguas naturales como el español, el inglés o el chino.

Para que una IA comprenda el lenguaje natural es necesario que realice un análisis de alta complejidad. Este análisis se integra de varios componentes cuya aplicación depende de su objetivo. Por ejemplo, un conversor de texto a voz no necesita el análisis semántico o pragmático, pero un sistema conversacional requiere información muy detallada del contexto y del dominio temático, a saber:

- **Análisis morfológico o léxico.** Consiste en el análisis interno de las palabras que forman oraciones para extraer lemas, rasgos flexivos y unidades léxicas compuestas. Es esencial para la información básica: categoría sintáctica y significado léxico.
- **Análisis sintáctico.** Es el análisis de la estructura de las oraciones de acuerdo con el modelo gramatical empleado (lógico o estadístico).
- **Análisis semántico.** Proporciona la interpretación de las oraciones, una vez eliminadas las ambigüedades morfosintácticas.
- **Análisis pragmático.** Incorpora el análisis del contexto de uso a la interpretación final. Aquí se incluye el tratamiento del lenguaje figurado (metáfora e ironía) como el conocimiento del mundo específico necesario para entender un texto especializado.

La dificultad para el procesamiento del lenguaje puede presentarse en tres ámbitos: Ambigüedad, separación entre las palabras y recepción imperfecta de datos. En el apartado sobre procesamiento del lenguaje del capítulo 5 revisamos estos conceptos con mayor detalle.

Estas dificultades y complejos componentes del lenguaje crean condiciones para que **un mensaje o una orden dada por un ser humano a una IA pueda llegar incompleto o simplemente su captación sea equivocada.** Imaginemos ahora la problemática que puede surgir cuando se da una orden militar y su interpretación resulta equivocada. Un ataque militar con armas autónomas que emitan o reciban órdenes equivocadas representa uno de los mayores peligros de producir armamento bélico con IA. Lo mismo puede suceder en las aplicaciones en el campo de la medicina, el derecho, la banca o las finanzas.

Los accidentes con **vehículos autónomos** son otro riesgo de la Inteligencia Artificial. Un vehículo autónomo, también conocido como auto sin conductor o robótico, es un vehículo capaz de imitar las capacidades humanas de manejo y control. Como vehículo autónomo es capaz de percibir el medio que le rodea, así como trazar y seguir su ruta para finalmente llegar a su destino. El ser humano elige el destino, pero nada más. No se le requiere para activar ninguna operación mecánica del vehículo.

Para alcanzar una conducción realmente automática en carretera o en un medio urbano es necesario integrar un sistema con operación en tiempo real y capaz de operar de manera coordinada. Por ejemplo, es necesario un sistema de localización, de percepción del entorno, de planificación y lógicamente, un sistema de control. Además, son necesarios un conjunto de sensores que recojan y proporcionen la información necesaria para poder tomar las decisiones.

Cuando pensamos en un sistema de control para un automóvil autónomo es necesario advertir que no funcionan los algoritmos al estilo de las normas de programación clásicas como "if...then...else...", por ejemplo "Si se cruza un peatón en medio de la calle, entonces reducir la velocidad y frenar si fuere necesario". Es evidente que esa forma de pensar no es adecuada ya que el número de situaciones posibles es muy elevado y por lo tanto es necesario un sistema capaz de generalizar. En lugar de implementar innumerables normas para reconocer estos objetos, es más práctico implementar un algoritmo con la técnica de Inteligencia Artificial de Aprendizaje automático o Machine learning al que se "entrena" con distintas imágenes que ejemplifican todas las situaciones posibles. Cada una de las imágenes se asocia con el tipo de vehículo que contiene. El algoritmo empieza a procesar las imágenes. Inicialmente intenta saber qué vehículo hay en cada imagen. Al principio se equivocará muy a menudo pero poco a poco modificará y adaptará los parámetros para volverlo a intentar. El proceso continúa reduciendo iterativamente la tasa de fallos. Más adelante, cuando se le presenten nuevas imágenes podrá clasificarlas correctamente. Entonces ya podremos afirmar que el algoritmo ha aprendido, pero esto toma mucho tiempo.

No obstante lo avanzado del sistema de IA ya se han presentado accidentes. En diciembre del 2017 en San Francisco, California un motorista de nombre Oscar Nilsson se vio implicado en un accidente con uno de los Chevrolet Bolt EV de Cruise Automation (la filial de GM que realiza las pruebas de conducción autónoma), siendo éste uno de los automóviles de la prueba piloto en entorno abierto de conducción autónoma que lleva a cabo General Motors. Tras el accidente, el motorista ha demandado a General Motors. Estas situaciones obligan a un análisis más profundo para tomar decisiones y legislar. Por ejemplo, ¿Quién es culpable de un accidente en un automóvil autónomo?

La privacidad de las personas

La Inteligencia Artificial es también un riesgo a la privacidad de las personas. El Consejo de Europa previene de esta amenaza en la voz de Dunja Mijatovic, la Comisaria de Derechos Humanos del Consejo de Europa, quien alertó de la amenaza que pueden suponer los dispositivos de Inteligencia Artificial para la privacidad y otros derechos fundamentales.

El análisis de los megadatos utilizados por los sistemas de Inteligencia Artificial hace "particularmente evidente" la discrepancia entre las ventajas y los riesgos para nuestros derechos humanos, señaló en un artículo publicado en su página web. Las aplicaciones y redes sociales -indicó Mijatovic- guardan grandes cantidades de datos personales, "a menudo sin que lo sepamos", que sirven para "establecer nuestro perfil o predecir nuestro comportamiento". "Ofrecemos informaciones sobre nuestra salud, opiniones políticas y nuestra vida familiar sin saber quién las va a utilizar, con qué fines y de qué manera",

La comisaria de la organización Paneuropea de 47 Estados miembros indicó que los sistemas de Inteligencia Artificial, en lugar de contribuir a que nuestras decisiones sean "más objetivas", pueden "reforzar la discriminación y el prejuicio dándoles apariencia de objetividad" y aseguró que cada vez más elementos muestran que las mujeres, las minorías étnicas, los discapacitados y los miembros del colectivo LGBTI "sufren particularmente discriminaciones causadas por algoritmos sesgados".

En cuanto al reconocimiento facial, que puede ayudar a las fuerzas del orden a localizar a sospechosos, Mijatovic se refirió al riesgo de que sea utilizado "para la vigilancia de masas o para identificar a manifestantes". A ese respecto, constató que en la actualidad "es mucho más fácil para los gobiernos vigilar continuamente y restringir el derecho a la vida privada, la libertad de reunión, de circulación y de prensa". Por ello, Mijatovic propuso mayor cooperación entre los representantes del Estado, la sociedad civil y el sector privado, del que depende la IA, para respetar los derechos humanos y ofrecer más transparencia y comprensión.

También pidió a los gobiernos que inviertan en iniciativas para sensibilizar y educar a las nuevas generaciones con el objetivo de que "adquieran las competencias necesarias para hacer un buen uso de las tecnologías ligadas a la Inteligencia Artificial".

La Inteligencia Artificial "puede aumentar considerablemente las posibilidades de vivir la vida a la que aspiramos" pero "también destruirlas". Es decir, que se necesitan "reglas estrictas" que eviten "una versión moderna del monstruo de Frankenstein".

La manipulación de la opinión pública mediante noticias y videos falsos generados por **Inteligencia Artificial y bots** podrían tener un gran impacto en la opinión pública alterando los niveles de comunicación desde la política hasta los medios. El uso de bots en las redes sociales difundiendo noticias falsas fue una realidad en la campaña presidencial de los Estados Unidos en 2016 y en la de México 2018.

Mejor conocido por su nombre en inglés, un chatbot, bot de charla o simplemente bot es un programa que simula mantener una conversación con una persona al proveer respuestas automáticas a entradas hechas por el usuario. Habitualmente la conversación se establece mediante texto, aunque también hay modelos que disponen de una interfaz de usuario multimedia. Más recientemente, algunos comienzan a utilizar programas conversores de texto a sonido (CTV), dotándolo de mayor realismo a la interacción con el usuario.

Para establecer una conversación deben utilizarse frases comprensibles y que sean coherentes, aunque la mayoría de los bots conversacionales no consiguen comprender del todo el sentido de la conversación. En su lugar, tienen en cuenta las palabras o frases del interlocutor que les permitirán usar una serie de respuestas preparadas de antemano. De esta manera, el bot es capaz de seguir una conversación con más o menos lógica, pero sin saber realmente de qué está hablando y de esta falta de comprensión integral se pueden generar errores.

Existen diferentes niveles de bots de acuerdo con la complejidad de su sistema, la capacidad de diálogo o su nivel de Inteligencia Artificial. Hay bots que siguen unas reglas básicas y otros que pueden sostener una conversación sin que el interlocutor sepa que está interactuando con un bot tal y como fue descrita la prueba de Turing. En los primeros, el desarrollador define el diálogo así como las posibles respuestas mientras que los más avanzados son más abiertos en tanto que permiten que el usuario interaccione libremente. En su producción se utilizan sistemas de Inteligencia Artificial (motores de NLP) para procesar la información. En el ámbito de los sistemas de Inteligencia Artificial la industria tecnológica es la primera que ha empezado a utilizar los bots más avanzados con alto nivel de IA como Watson de IBM, LUIS de Microsoft o API.ai de Google donde la clave de la inteligencia del bot reside en el entrenamiento que se haga del mismo.

Los bots bien entrenados pueden crear una ventaja estratégica para los partidos políticos y funcionar como máquinas de propaganda de Inteligencia Artificial. Las campañas políticas han cambiado el campo de batalla. Antes eran los mítines en la calle. Ahora son las redes sociales manipuladas por bots.

Del Big Brother al Big data

George Orwell publicó el 8 de junio de 1949 su famosa novela política de ficción distópica **1984** (Nineteen Eighty-Four). La novela introdujo los conceptos del omnipresente y vigilante Gran Hermano o Hermano Mayor (**Big Brother)**. La novela se desarrolla en el año 1984 y siguientes en un futuro Londres, en una parte de la región llamada Franja Aérea 1 que alguna vez fue llamada Inglaterra o Britania, integrada, a su vez, en un inmenso estado colectivista llamado Oceanía. La sociedad de Oceanía está dividida en tres grupos. Los miembros "externos" del Partido Único, los miembros del Consejo dirigente o círculo interior del partido y una masa de gente a la que el Partido mantiene pobre y entretenida para que no puedan ni quieran rebelarse, los proles.

Los términos ficción utópica y **ficción distópica** sirven para designar dos géneros literarios donde se exploran las estructuras sociales y políticas. La ficción utópica se refiere a utopía, término utilizado para designar un mundo ideal donde todo es perfecto. Por el contrario, la ficción distópica, a veces conocida como literatura apocalíptica, se refiere a una sociedad que pretendiendo felicidad, hace sufrir sistemáticamente a sus ciudadanos o los degrada a un olvido irreversible. La trilogía distópica está integrada por tres novelas: Un mundo feliz (1932, Aldoux Huxley), 1984 (1949, George Orwell), y Farenheit 451 (1953, Ray Bradbury).

La novela de Orwell cuenta la historia de una futura sociedad sometida por el poder de la política, la censura y la manipulación de los medios. Un sistema totalitario donde la población es controlada hasta el punto de que, pensar sobre un crimen, es un crimen en sí mismo y es castigado severamente. Para llevar a cabo este estricto control sobre los habitantes en cada casa, edificio, calle y en cualquier lugar público o privado se encuentra instalada una cámara que transmite una señal a una pantalla que siempre es observada por alguien, de tal manera que llevar a cabo cualquier actividad sospechosa, aun siendo en el propio hogar, queda descartada por el miedo a una severa represalia. El miedo permanente en el que viven las personas es el motor que hace girar el engranaje principal de este mundo distópico libre de revueltas, motines o crímenes. El miedo controla todos los actos de la ciudadanía. El gobierno está encabezado por una figura sin nombre con una cara muy común que está en todas las paredes y se la puede encontrar en cualquier lugar para recordarte que no eres el dueño de tus propias acciones. Esta figura es conocida simplemente como El Gran Hermano... El gran hermano te vigila. The Big Brother... The Big Brother is watching you.

Cuando George Orwell escribió su novela (Entre 1947 y 1948) no existían los medios tecnológicos para establecer una gran red de observación de tal manera que se pudieran vigilar todos los movimientos de los ciudadanos, sus conversaciones, su deambular en la ciudad, sus compras, sus pagos, sus ingresos y egresos, su capacidad de ahorro o su inclinación a endeudarse, lo que mira y lo que lee, lo que come, los lugares que visita, los restaurantes que frecuenta, las enfermedades que le aquejan, el médico que le atiende, las medicinas que toma, el automóvil que usa, los lugares que le impresionan, los amigos que tiene, sus ideas y participación en la política, sus preferencias electorales, la información que busca, lo que escribe, lo que le agrada y le disgusta, sus actos todos y casi todos sus pensamientos. Actualmente **esto ya es posible** y cada día aumenta la capacidad de observación. La tecnología ha hecho que sea posible la idea del Big Brother observando al ciudadano. **La técnica Big data de la Inteligencia Artificial** permite recopilar, transmitir, almacenar y analizar los miles de millones de datos que se generan cada día en todos los movimientos y transacciones que realizan las personas, ya sea al usar su tarjeta de crédito, su móvil o dar un like, además del enorme caudal de datos que los aparatos transmiten cada vez que alguien los usa y muchas veces aun sin ser usados como los teléfonos, computadoras, cámaras de video, televisiones inteligentes y sistemas sofisticados como el Internet de las cosas.

Cuando una persona camina tranquilamente por la calle sus movimientos son grabados por una cámara de video y transmitidos a una central donde se los puede analizar. Lo mismo sucede cuando viaja en su automóvil o entra en alguna sucursal bancaria, una tienda e incluso ya en muchas casas habitación. Las cámaras instaladas en las ciudades ya se cuentan por miles y pronto serán millones para hacer realidad la vigilancia del Big Brother en cada rincón.

Cuando usted utiliza su móvil para ordenar una pizza a domicilio espera recibir una pizza Margarita con un postre y un par de refrescos por el precio que debe pagar. Pero ese acto que parece simple y nada complicado desata toda una serie de acciones controladas por el Big data. Los datos que usted ha entregado inocentemente pueden ser estos o muchos más dependiendo de la sofisticación del sistema que los captura, transmite, almacena, limpia y analiza: El número de su móvil, su domicilio, su horario, el número de personas en su hogar, sus hábitos alimenticios, el tipo de pizza, el tipo de postre, la marca del refresco y si se atreve a pagar con cargo a su tarjeta de crédito imagine la cascada de datos que entrega. Por cierto, la información que se deriva de una transacción con tarjeta de crédito es todo un filón en una mina de oro. Esos datos se procesan, se limpian, se ordenan, se almacenan y se dejan listos para su análisis por una técnica que acertadamente se llama Analítica.

Todos estos datos son recolectados y analizados por un departamento de mercadotecnia para modelar su estrategia de ventas. Si se trata de una pequeña cadena de pizzerías los sistemas serán poco sofisticados, pero ahora imagine lo que sucede cuando ordena una compra en Amazon en donde se ejecutan millones de operaciones de venta de todo tipo de artículo todos los días, a todas horas y en una gran cantidad de países. Los datos que llegan a las grandes computadoras de Amazon se cuentan por millones. Eso es el Big data. Por supuesto, son datos que valen oro molido pero que no pueden ser analizados por una persona para convertirlos en información a fin de tomar decisiones. Aquí es donde entra la herramienta de Analítica y la Inteligencia Artificial.

Cuando se organiza una campaña electoral el conocimiento de los electores es fundamental. Si se conoce con precisión el perfil de las personas, sus deseos, sus temores, aquello que les gusta y les enoja, su capacidad económica, su edad, su sexo, el tipo de habitación, el número y edades de los hijos, su medio de transporte, la distancia al trabajo, el sueldo que perciben y muchos datos más se puede trazar una estrategia para ofrecer y prometer a cada quien lo que cada quien espera y eso se traduce en un voto a favor.

Si el propósito no es trazar un plan de mercadotecnia o ganar una elección sino establecer el control de la población de una ciudad o de todo un país, el Big data se convierte en el arma ideal. Con la ayuda de cámaras de video y la recolección de datos por diferentes medios, incluso comprando información a redes sociales o a empresas que se dedican al levantamiento de datos es posible conocer a la población, pero no solamente en forma global sino a cada persona en particular aplicando la técnica conocida como OCEAN o Big Five que define la personalidad mediante cinco rasgos o factores principales:

O (Openness o apertura a nuevas experiencias)

C (Conscientiousness o responsabilidad)

E (Extraversion o extraversión)

A (Agreeableness o amabilidad)

N (Neuroticism o inestabilidad emocional)

... los cinco forman el acrónimo mnemotécnico "OCEAN". Con el conocimiento de estos cinco factores se puede conocer y controlar a una persona o a toda una población. Y esto es lo que significa "Del Big Brother al Big data."

Las grandes empresas de información como Google, facebook o Amazon recopilan un enorme caudal de datos y conocen más de cada persona de lo que cada persona conoce de sí misma y de su entorno. Google conoce bien sus preferencias. Sabe lo que le interesa, lo que le atrae o le preocupa. Su motor de búsqueda es también una esponja que absorbe la información de los usuarios para procesarla con técnicas de Inteligencia Artificial y obtener valiosa información que luego utiliza en su estrategia de publicidad dirigida con precisión milimétrica para dar precisamente en el blanco.

Amazon es la empresa más grande del mundo en ventas online y es también la empresa que mejor conoce a sus millones de clientes. Sabe lo que a cada uno de ellos le gusta y con base en esta información les sugiere desde un libro hasta un automóvil. Si quieres controlar el mercado, conoce lo que le gusta a tu cliente.

Ya en 2013 Karsten Gerloff, presidente de la Fundación de Software Libre de Europa (FSFE) dijo "Facebook define quiénes somos. Amazon establece lo que queremos y Google determina lo que pensamos."

Pero quizá de todas las empresas que manejan grandes volúmenes de datos la que mejor conoce a sus clientes y usuarios en todo el mundo es facebook. En la cara que ofrece al público facebook es una gran red social que enlaza a 2,160 millones de personas. En la parte de atrás es una gran empresa de Inteligencia Artificial que analiza la información de sus clientes y usuarios y conoce a la perfección a cada uno de ellos. El gran caudal de información que maneja facebook puede ser empleado como materia prima para diseñar estrategias de índole positiva como una campaña de mercadotecnia para la introducción de un nuevo producto al mercado, pero **también puede utilizarse para influir, controlar o manipular a las personas.** Un ejemplo de esta última situación se presentó recientemente con el escándalo que se generó cuando se dio a conocer que la información de facebook fue utilizada por la empresa Cambridge Analytics para influir en las elecciones del Brexit, Nigeria, Kenia y también en la de los Estados Unidos del 2016 y México 2018. Esta tormenta que afecta a facebook y también a algunos gobiernos es solamente la punta de la madeja de lo que puede hacerse cuando se vigilan a los ciudadanos de todo el mundo, se capturan sus datos y se procesan mediante técnicas de Inteligencia Artificial como Big data, Minería y Analítica de información.

Cambridge Analytics creó un "arma cultural" y llevó al extremo la llamada "burbuja de filtro" en la que cada quien recibe una versión personalizada de la realidad en base a sus gustos previos, colocando así a cada usuario en un universo tautológico separado de los demás. El objetivo es hacer un disparo certero a una sola persona cuyo perfil se conoce con precisión y no un escopetazo dirigido a la multitud. En eso consiste la técnica del Big data. Disponer y analizar un gran volumen de datos para influir con precisión en de cada persona.

El caso de Cambridge Analytics es sólo el principio porque el modelo de facebook y otras empresas va más allá de vender publicidad; es todo un "capitalismo de vigilancia" (surveillance capitalism) cuyo objetivo es recopilar grandes volúmenes de datos para establecer un control sobre el consumidor y en la esfera política y de gobierno hacer realidad la novela de George Orwell 1984 con el Big Brother.

El amor entre humanos y robots

Este tema ha sido tratado con profusión por la ciencia ficción pero ya escala y reclama un sitio en la realidad. Surge esta interesante pregunta sin preámbulos ni explicaciones previas: ¿Puede enamorarse un ser humano de un robot? Y quizá todavía más atrevida la pregunta en sentido inverso ¿Puede enamorarse un robot de un ser humano?

La historia nos cuenta extrañas aventuras amorosas entre hombres y seres de la mitología e incluso entre seres humanos y dioses. Una de las más bellas es la de Pigmaleón y Galatea que bien vale recordar para utilizarla de marco en este controvertido tema.

Durante mucho tiempo Pigmalión, Rey de Chipre, había buscado una esposa cuya belleza correspondiera con su idea de la mujer perfecta. Al no encontrarla, finalmente decidió que no se casaría y dedicaría todo su tiempo y el amor que sentía dentro de sí mismo a la creación de las más hermosas estatuas.

Al rey no le gustaban las mujeres, y vivió en soledad durante mucho tiempo. Cansado de la situación en la que estaba, empezó a esculpir una estatua de mujer con rasgos perfectos y hermosos. Realizó la estatua de una joven a la que llamó Galatea, tan perfecta y tan hermosa que se enamoró de ella perdidamente. Soñó que la estatua cobraba vida.

En una de las grandes celebraciones en honor a la diosa Venus que se celebraba en la isla, Pigmalión suplicó a la diosa que diera vida a su amada estatua. La diosa, que estaba dispuesta a atenderlo, elevó la llama del altar del escultor tres veces más alto que la de otros altares. Pigmalión no entendió la señal y se fue a su casa muy decepcionado. Al volver a casa contempló la estatua y después de mucho tiempo el artista se levantó, y la besó. Pigmalión ya no sintió los helados labios de marfil, sino que sintió una suave y cálida piel en sus labios. Volvió a besarla y la estatua cobró vida, enamorándose perdidamente de su creador. Venus terminó de complacer al rey concediendo a su amada el don de la fertilidad.

El poeta Ovidio nos cuenta el final del mito en el libro X de Las metamorfosis: «Pigmalión se dirigió a la estatua y, al tocarla, le pareció que estaba caliente, que el marfil se ablandaba y que, deponiendo su dureza, cedía a los dedos suavemente, como la cera del monte Himeto se ablanda a los rayos del sol y se deja manejar con los dedos, tomando varias figuras y haciéndose más dócil y blanda con el manejo. Al verlo, Pigmalión se llena de un gran gozo mezclado de temor, creyendo que se engañaba. Volvió a tocar la estatua otra vez, y se cercioró de que era un cuerpo flexible y que las venas daban sus pulsaciones al explorarlas con los dedos.»

Ante la pregunta ¿Se puede enamorar un ser humano de un robot? Surgen respuestas controvertidas. Mientras algunos investigadores afirman que el vínculo con la Inteligencia Artificial está destinado a desembocar en una guerra que podría aniquilar a la humanidad, otros estiman que en un futuro no tan lejano seres humanos y máquinas podrán enamorarse entre sí.

Brian Scassellati, el director del laboratorio de robótica social de la universidad de Yale es uno de los principales expertos mundiales en robótica social, una disciplina con apenas dos décadas de existencia y que tiene como objetivo crear una nueva generación de robots pensados para ser compañeros de los humanos, capaces de entender dinámicas sociales, normas morales, aprender de las relaciones que establecen con las personas y generar una teoría robótica de la mente humana. Scassellati dice: "No son promesas de futuro, sino que ya hay **inteligencias artificiales** de este tipo que trabajan con niños fomentando su aprendizaje o con chicos con autismo enseñándoles a descifrar emociones. Acompañan a personas en residencias de la tercera edad e incluso empiezan a estar presentes en aeropuertos, orientando a turistas despistados".

Cynthia Breazeal, científica computacional y creadora de Kismet, el primer robot social de la historia a finales de los años noventa, afirma que los robots sociales incluyen nuestro pensamiento social, nuestra inteligencia social y emocional, además de la inteligencia cognitiva". Al principio Kismet era solamente una cabeza robótica que podía reconocer y simular emociones básicas y ha evolucionado para convertirse en Jibo, diseñado para ser "no un 'algo' sino un 'alguien'".

El profesor Kevin Curran, investigador del Computer Science Research Institute en la Universidad de Ulster en Reino Unido, explica que la tendencia es que los robots se parezcan cada vez más a los seres humanos, lo que hace que muchas personas se sientan inclinadas a establecer relaciones de amistad con ellos. Y agrega que algunos laboratorios ya están desarrollando prototipos que emulan la vida humana, como el Bina-48, un androide que ha sido programado con los recuerdos y emociones de una persona real y reacciona a los estímulos externos de acuerdo a esas vivencias que le fueron implantadas.

Curran cree que en poco tiempo podremos encontrar en el mercado robots amigos que cumplan funciones de acompañamiento de ancianos y cuidado de niños entre otras actividades. Pero el científico va todavía más lejos al afirmar que no pasará mucho tiempo antes de que se utilicen **robots con fines sexuales** cuando afirma "Aunque por el momento estos modelos siguen estando alejados de la inteligencia humana ya que no poseen nuestra capacidad de aprender nuevos patrones de comportamiento, la tendencia indica que la brecha se está achicando muy velozmente".

Los robots sexuales ya son una realidad. Investigadores de la Robótica, la Inteligencia Artificial, la Psicología y la Anatomía del ser humano han sumado sus conocimientos para producir robots sexuales con el propósito de satisfacer a un creciente número de hombres y mujeres que han encontrado satisfacción sexual en sus contrapartes robóticas y que incluso han llegado a confesar que sienten un sentimiento de atracción y hasta algo que se podría decir que es amor.

En las últimas décadas la sociedad ha sido testigo de un profundo cambio en la aceptación de relaciones interpersonales que antes no se aceptaban. La homosexualidad no estaba permitida en países donde ahora se acepta e incluso es legalmente permitida la unión entre personas del mismo sexo. Si esto hubiera sido posible a mediados del siglo pasado Alan Turing habría vivido más tiempo y seguramente más feliz de ser aceptado en su homosexualidad. Esa apertura social y legal hacia las relaciones interpersonales podría ser la puerta por donde pasen de manera franca y libre las relaciones entre un ser humano y un robot.

El hardware de un robot sexual femenino contiene látex, elastómero termoplástico, siliconas quirúrgicas, fluidos de diferentes tipos e incluso pelo natural. El software sigue siendo un conjunto de bits y bytes ordenados en la forma de un poderoso **algoritmo de Inteligencia Artificial** muy desarrollado con técnicas de aprendizaje automático para aprender a reaccionar de acuerdo con su pareja e incluso con el medio ambiente. Pueden reconocer los gustos de su pareja y tienen la capacidad de adaptarse dependiendo del día, de la situación o incluso del estado anímico que detecte en el humano. La vagina es un punto central del diseño y funcionamiento del robot. Puede reproducir los movimientos internos con una serie de motores que van ajustando la silicona al tamaño e incluso puede graduar la presión para que se cierre más o menos y produzca más o menos presión.

Algunos robots sexuales ya se han hecho famosos. **Harmony** fue el primer robot sexual femenino y ahora **Harry** es el primer robot sexual masculino para acompañar y satisfacer a mujeres solitarias. Está hecho de látex, tiene un físico atlético y un pene biónico capaz de "levantarse" con estimulación femenina. Fue construido por la empresa Real Botix y tiene un precio de diez mil dólares.

Samantha es una de las más recientes y sorprendentes creaciones. Fue diseñada por el ingeniero electrónico Sergi Santos, quien le dio un nivel de Inteligencia Artificial más alto y exigente, pues a menos de que su pareja muestre señas de respeto o cariño, ella no dejará que la usen. Samantha reconoce diferentes formas de tacto y cuando este se vuelve demasiado agresivo o irrespetuoso, se apaga.

Usted que piensa ¿Es un riesgo la relación entre un ser humano y un robot o es una oportunidad para establecer buenas relaciones con la Inteligencia Artificial?

Peligros de la Inteligencia Artificial Total

En la evolución de la Inteligencia Artificial se presentan varias etapas cuyos efectos se pueden distinguir para aprovecharlos, tomar precauciones o acotarlos para que beneficien y no causen daño a la humanidad.

Hacia la mitad del siglo pasado, cuando Turing presentó su ya famosa prueba para determinar si una computadora podría emular al ser humano o cuando los jóvenes estudiantes del Darmouth College asombraron al mundo con el software que podía hacer que la computadora jugara ajedrez o demostrara teoremas matemáticos todo era sorpresa, maravilla y asombro por lo que se pensaba que podría llegar a realizar una máquina dotada con cierto grado de inteligencia.

En la segunda década del siguiente siglo la Inteligencia Artificial acelera su paso. Surgen los robots que se multiplican en las fábricas para aumentar la productividad, las grandes empresas desarrollan sistemas para brindar asistencia al cliente, los bancos invierten grandes sumas de dinero para producir sistemas inteligentes y simplificar sus operaciones. Los gobiernos se dan cuenta del potencial de la Inteligencia Artificial y establecen programas para fomentarla. Es en este tiempo cuando la Inteligencia Artificial es sinónimo de productividad, de eficiencia, de ahorro en costos, de generación de riqueza. Es en este tiempo cuando los países nuevamente se dividen ante una revolución en la productividad y la generación de riqueza. Los países que en esta etapa se integren a la IA se colocarán en los primeros lugares de la tabla de innovación, desarrollo y bienestar. Serán los que dominen al mundo y, como siempre, los que se queden al final de la tabla serán los que padezcan carencias, hambre y miseria. China destaca como el gobierno que brinda más apoyo para el desarrollo de la IA elevándola a la máxima categoría entre sus políticas de gobierno.

En esta etapa de la evolución de la Inteligencia Artificial surgen las aplicaciones para sustituir al ser humano en las tareas rutinarias. Las grandes empresas de Informática producen los asistentes digitales como Siri, Cortana, Alexa, Assistant o Bixby que causan asombro porque pueden actuar como resultado de una conversación en lenguaje natural. La Inteligencia Artificial empieza a expanderse como la humedad y la sociedad recibe noticias frecuentes y sorprendentes sobre sus sensacionales logros: Puede detectar el cáncer en su fase temprana, toma decisiones en el mercado bursátil mejor que un experimentado bróker, puede conducir un automóvil sin chofer alguno, puede hacer que vuele y aterrice un avión, puede hacer las veces de un abogado en un juicio civil, puede hacer cosas que asombran a la humanidad y el ser humano se embelesa con la Inteligencia Artificial y no se da cuenta de lo que le espera en el futuro cuando la Inteligencia Artificial que ahora conoce se convierta en la **Inteligencia Artificial Total**.

En este torbellino tecnológico hay aplicaciones de la IA que causan sorpresa. Por ejemplo ésta: La compañía **fabricante de cervezas Carlsberg** está utilizando la inteligencia artificial para hacer que la cerveza naturalmente sabrosa sea aún mejor. Investigadores de la compañía danesa están utilizando sensores y análisis avanzados para planificar y predecir sabores más rápidamente. El objetivo del delicioso proyecto de IA es crear un catálogo de sabores para cada muestra. Eso ayudará a los cerveceros a ser más eficientes al investigar combinaciones de sabores, lo que a su vez acelerará el proceso de producción y hará que la espuma de Carlsberg ingrese a su refrigerador con mayor rapidez. ¡Sensacional!

Pero cuidado: La Inteligencia Artificial puede ser como el lobo feroz con piel de oveja, así que mejor si la humanidad toma desde ahora las precauciones necesarias para acotar su poder y mantenerla bajo su dominio y control.

Los investigadores, científicos y filósofos que se encuentran cercanos al desarrollo de la Inteligencia Artificial ya se han dado cuenta de esta situación y han levantado la voz para advertir a la humanidad del peligro que representa la Inteligencia Artificial si se la deja avanzar en plena libertad para tomar el control de las actividades más delicadas del ser humano: La política que significa el poder para conducir a la sociedad, la estrategia militar, la privacidad de las personas, el mercado bursátil, la economía, la medicina, la jurisprudencia e incluso la filosofía, la lógica, la ética, la moral y el arte; en fin, todas las actividades sensibles o de alto riesgo en donde las decisiones deben ser tomadas por el ser humano antes de que la IA domine y controle al Planeta Tierra.

El 18 de julio del 2018 los líderes del mundo tecnológico firmaron un documento donde se comprometen a "no participar ni apoyar el desarrollo, fabricación, venta o **uso de armas letales autónomas**". El anuncio se hizo en Estocolmo, Suecia, en el marco de la Conferencia Internacional Anual sobre Inteligencia Artificial (IJCAI, por sus siglas en inglés). El Director de Tesla, Elon Musk; el cofundador de Skype Jaan Tallinn y otros líderes de la tecnología en el ámbito mundial firmaron el documento que fue suscrito por más de 2,400 personas y 160 compañías de 36 países que están relacionadas con el desarrollo de la **Inteligencia Artificial**. Entre ellos figuran representantes del Massachusetts Institute of Technology (MIT), Boston University, UC Berkeley y Cambridge University. La iniciativa fue organizada por Future of Life Institute (FLI), una organización sin fines de lucro de la que forman parte los principales investigadores de Inteligencia Artificial de todo el mundo y que busca alertar sobre el desarrollo de este tipo de sistemas. **Si bien destacan los beneficios y avances de las nuevas tecnologías, subrayan que es necesario regular su desarrollo** y, sobre todo, asegurarse de que no se haga un uso del Machine learning sin ningún tipo de control porque podría derivar en un escenario peligroso para el mundo.

Algunas empresas también se han percatado de los riesgos que representa la IA y se han comprometido de manera particular con un decálogo de medidas para acotarla y no permitir que signifique un peligro para la humanidad. Google es quizá la más importante y la que ha fijado con más claridad su posición. El 7 de junio del 2018 la empresa Google emitió un documento para dar a conocer los principios o "mandamientos" en que se sustentará la investigación, innovación y producción de sistemas basados en Inteligencia Artificial. En su parte introductoria destaca que su apuesta por el futuro radica en esta tecnología y que es necesario poner reglas para su uso adecuado a través de siete principios.

"Anunciamos que estos siete principios guiarán nuestro trabajo hacia adelante. Estos no son conceptos teóricos; son estándares concretos que gobernarán de forma activa nuestra investigación y desarrollo de producto e impactarán en nuestras decisiones de negocio".

Es importante destacar que Google asegura que no usará IA para el desarrollo de aplicaciones que puedan causar algún tipo de daño como el desarrollo de armas de algún tipo o tecnologías capaces de reunir información para realizar espionaje que contravengan reglas internacionales o violen los derechos humanos. En el documento Google expone que la IA es su apuesta para el largo plazo. Estos son sus siete principios:

1. **Que sea beneficioso socialmente.** Uno de los principios que deben evaluarse es si el proyecto es beneficioso en áreas como la atención médica, seguridad, energía, transporte, fabricación y entretenimiento.
2. Que no cree o refuerce un sesgo injusto. Reconocer los sesgos "justos" de los injustos no siempre es tarea sencilla, pero Google plantea que sea indispensable a la hora de adentrarse en un nuevo proyecto de IA.
3. Construida por y para ser segura. Además de estar probada para que sea segura, las IA tendrán que ser probadas para ser prudentes, dos variables que serán probadas en entornos restringidos y supervisados.
4. Ser responsable ante las personas. Estará siempre bajo el mando del ser humano (refiriéndose a responsabilidad no como "portarse bien", como le diríamos a un niño, sino a que debe hacer lo que indiquen los humanos).
5. Incorporar principios de diseño de privacidad. Se recibirán avisos y consentimientos y se brindará transparencia, además de controles adecuados para el uso de datos de usuarios.
6. Se mantendrán altos estándares de excelencia científica.
7. Estar disponible para usos que estén de acuerdo con estos principios. Se limitarán las aplicaciones de la IA en entornos potencialmente dañinos o abusivos en su

propósito o uso primario, naturaleza o singularidad o escala (Es decir, cómo afectará el proyecto a nivel global).

Por su parte, la **Organización de las Naciones Unidas para la Educación, la Ciencia y la Cultura (Unesco)** también manifiesta su preocupación sobre los efectos de la Inteligencia Artificial. Su Directora, **Audrey Azoulay**, anunció su intención de centrar la atención del organismo en los desafíos éticos que presenta la Inteligencia Artificial. "La Unesco puede estar en la primera línea para ayudar a definir un marco que garantice la conformidad de los sistemas de Inteligencia Artificial con los derechos fundamentales", dijo durante una sesión del Consejo Ejecutivo del organismo y expresó su intención de que la organización "oriente a los investigadores en la elaboración de los programas y ayude a los gobiernos a instaurar políticas públicas". Durante una reciente visita a China Audrey Azoulay pidió celebrar una reunión global sobre la Inteligencia Artificial y anunció que ya prepara una conferencia sobre este tema a celebrarse en enero de 2019 en París porque "Es necesario celebrar un debate global sobre las consecuencias del uso a gran escala de la Inteligencia Artificial y su aplicación en campos como el militar, la seguridad o las libertades individuales. Debemos tener esta discusión sobre la ética de la Inteligencia Artificial, y no podemos tenerla sin China porque China es un socio estratégico de la Unesco".

Ahora bien, el peligro que representa la Inteligencia Artificial no debe ser un impedimento para utilizarla y aprovecharla en beneficio de la humanidad. El fuego representa en sí mismo un peligro y ha sido uno de los elementos más importantes para el progreso y bienestar del ser humano.

Así como el fuego debe ser controlado en su uso y aplicación, así también la IA debe ser controlada y acotada para que se someta al dominio de la humanidad. El primer paso es tomar conciencia de las bondades, riesgos y peligros de la Inteligencia Artificial y **este es el objetivo primordial de este libro.**

En la historia de la humanidad se han producido dos fuentes de energía cuyos efectos han sido fundamentales en su desarrollo: El fuego y la energía nuclear. Para dimensionar el poder de la Inteligencia Artificial Total sobre la humanidad podemos decir que será más importante y de mayor trascendencia que el fuego y la energía nuclear en el futuro de la humanidad.

Es urgente evitar que el deseo que tiene el ser humano de darle inteligencia a un ser inanimado le lleve a ver que se cumple la fábula del Rey Midas, quien pidió a Dionisio, dios de la celebración en el reino de Frigia, convertir en oro todo lo que tocara. Dionisio le concedió su deseo y el Rey Midas fue feliz al ver cómo se rodeaba de riquezas, hasta que no pudo comer porque convertía los alimentos en el precioso metal e incluso llegó a transformar a su hija en una estatua de oro al intentar abrazarla. En ese momento la idea dejó de ser divertida y rogó a Dios poder volver atrás.

La singularidad tecnológica

La singularidad tecnológica es el momento hipotético en el que la Inteligencia Artificial supera a la inteligencia del ser humano y alcanza el grado de Inteligencia Artificial Total.

La singularidad tecnológica implica que un ente inanimado ya sea un robot, una computadora o una red informática tengan la capacidad del auto aprendizaje y de auto mejorarse recursivamente, así como de diseñar y producir generaciones de máquinas sucesivamente más potentes y con mayor inteligencia.

La singularidad tecnológica ocasionará cambios disruptivos en la vida del ser humano, de la sociedad e incluso de la naturaleza del Planeta Tierra con la posibilidad de que su efecto se extienda al Universo. La Inteligencia Artificial Total dominará la vida en el Planeta Tierra y así como al hombre se le dificulta conocer y comprender el origen del Universo, así también se le dificulta comprender y aceptar que una inteligencia superior sea la que domine y controle la vida en el Planeta Tierra y quizá en todo el Universo.

John von Neumann, el pionero de la computación, fue quien usó por primera vez el concepto de singularidad cuando expresó en una conversación con Stanislaw Ulam: "cada vez más acelerado progreso de la tecnología y los cambios en el modo de la vida humana, que da lugar a la aparición inminente de alguna **singularidad** esencial en la historia de la raza más allá del cual los asuntos humanos, tal como los conocemos, no podría continuar". Aquí consideramos que al decir "no continuar" von Neumann se refería a la posibilidad de que la humanidad pierda el control y lo ceda a la Inteligencia Artificial Total.

Aun cuando el término singularidad había sido usado en varias ocasiones, fue Vernor Vinge quien lo aplicó con precisión y lo popularizó. Vernor Steffen Vinge es un matemático, informático teórico, novelista, escritor de ensayos y de ciencia ficción. Nació en Wisconsin, Estados Unidos en 1944 y se educó en la Universidad de San Diego en California donde obtuvo un doctorado em Matemáticas. Vinge ha sido galardonado con varios premios por sus novelas.

Vinge ha cobrado relevancia por su idea de la **singularidad tecnológica** según la cual la creación de inteligencias artificiales de capacidades mayores a la humana que a su vez producirían inteligencias aún mayores y así sucesivamente, conduciría a una "singularidad" en el desarrollo, un punto de inflexión de crecimiento tecnológico exponencial, con consecuencias inimaginables y a partir del cual es imposible especular sobre nuestro futuro.

En una insólita declaración Vernor Vinge predice que la singularidad tecnológica se presentará en la década de 2030 mediante un cambio rápido y repentino a diferencia de Kurzweil quien predice una auto-mejora gradual. Para Vinge hay cuatro maneras en que la singularidad podría ocurrir:

1. El desarrollo de equipos que alcanzan la consciencia "despiertan" y poseen inteligencia sobrehumana.
2. Las grandes redes de computadoras y sus usuarios asociados pueden "despertar" como una entidad sobrehumana inteligente.
3. Interfaces humano/computadoras pueden llegar a ser tan íntimas que los usuarios razonablemente pueden considerarse sobrehumanamente inteligentes.

4. La ciencia biológica puede encontrar maneras de mejorar el intelecto humano natural.

Vinge continúa prediciendo que las inteligencias sobrehumanas podrán mejorar sus propias mentes más rápido que sus creadores humanos. "Cuando las unidades de mayor inteligencia humana progresen", postula Vinge, "el progreso será mucho más rápido". Predice que este ciclo de retroalimentación de la inteligencia auto-mejorada conllevará grandes cantidades de avances tecnológicos dentro de un corto período de tiempo, y afirma que la creación de la inteligencia sobrehumana representa una ruptura en la capacidad de los humanos para modelar su futuro. Su argumento es que los autores no pueden escribir personajes realistas que superen el intelecto humano, ya que va más allá de la capacidad de expresión humana. En otras palabras: **No podemos pensar más allá de nuestra capacidad y forma de pensar.**

Es importante destacar que no a todos los científicos, filósofos y estudiosos del tema les convence la idea de que se presente la singularidad tecnológica que pueda crear una inteligencia superior a la del ser humano ya que de ninguna manera un montón de fierros podría llegar a superar la inteligencia creada a través de millones de años en la especie elegida.

Entre ellos se cuenta el científico canadiense Steven Pinker quien declaró enfático en el año 2008: "...No hay la más mínima razón para creer en una singularidad que viene. El hecho de que se puede visualizar un futuro en su imaginación no es evidencia de que es probable o incluso posible. Mira las ciudades abovedadas, desplazamientos jet-pack, ciudades bajo el agua, edificios de millas de alto, y los automóviles de propulsión nuclear. Todas eran fantasías futuristas cuando yo era un niño y nunca llegaron. La pura potencia de procesamiento no es un polvo mágico que resuelve mágicamente todos tus problemas".

Para el autor de este libro la singularidad tecnológica se podría presentar en el año 2039. Esta opinión se encuentra en línea con el pensamiento de Vernor Vinge aunque difiere en cuanto a las maneras en que puede presentarse. Hemos visto en la página anterior que para Vinge existen cuatro formas y para este autor existen solamente tres formas posibles en que se presentará la singularidad tecnológica que dará lugar a la Inteligencia Artificial Total:

1. El ser humano creará una supercomputadora con bits o qubits que integrará todas las técnicas de la Inteligencia Artificial y logrará mediante el auto aprendizaje y la capacidad para auto mejorarse superar la inteligencia de la humanidad

2. La red de computadoras conectadas a través de Internet crearán una sinergia para funcionar como un todo y superar la inteligencia del ser humano.

3. La Bioingeniería producirá una interfaz a fin de poder conectar un poderoso microprocesador en la mente de un ser humano para producir una inteligencia superior que ya no sería ni natural ni artificial, pero sí sería súper inteligencia.

Para llegar a esta conclusión nos apoyamos en estas premisas:

• La curva de crecimiento exponencial que genera la Ley de Moore permite esperar la producción de microprocesadores con la suficiente potencia y capacidad de memoria para integrar en un sistema todas las técnicas de la Inteligencia Artificial y almacenar más de 100 petabytes de datos. En la evolución del ser humano primero se creó la capacidad craneal en el Homo sapiens y después se dio el pensamiento. Así será en la computadora.

• La tecnología cuántica permite suponer que en 20 años se podrán producir computadoras que funcionen con más de 144 qubits sin colisiones ni enredos para generar un margen de error aceptable y crear las condiciones para disponer de una computadora que funcione como la mente del hombre

• Las redes informáticas conectadas a través de Internet tienen la posibilidad de acumular y utilizar el conocimiento histórico y universal de la humanidad.

- La aceleración del cambio es sorprendente. La evolución del universo necesitó 9 mil millones de años para formar el Planeta Tierra. Después fueron necesarios 4 mil millones de años para la creación del Homo sapiens y la formación de la capacidad pensante en el hombre necesitó de cien mil años. Los cambios disruptivos han requerido cada vez menos tiempo.

- La Bioingeniería está haciendo progresos realmente asombrosos. Un brazo que reacciona con un chip conectado al cerebro, un órgano artificial que puede funcionar y ya sólo falta un cerebro artificial a fin de crear una sinergia entre el ser humano y la máquina para alcanzar la singularidad tecnológica y crear la Inteligencia Artificial Total.

El sentido común

El sentido común es la cereza en el pastel de la Inteligencia Artificial. El sentido común es algo difícil de ubicar, de comprender e incluso de utilizar. Es algo que tiene el ser humano pero que algunas veces no utiliza con oportunidad o simplemente no lo usa para tomar decisiones o ejecutar acciones y por eso se dice que es el menos común de los sentidos. No obstante esta dificultad, algunos estudiosos de la Inteligencia Artificial consideran que es la última frontera por cruzar. Si la Inteligencia Artificial logra tener sentido común habrá alcanzado al ser humano y entonces ya lo podrá superar.

Así las cosas, pondremos el foco en el sentido común para arrojar la luz que nos permita comprenderlo y luego veremos si la IA tiene los recursos y la capacidad para conquistarlo.

La dificultad de su definición empieza con todo un abanico de descripciones de este concepto. Y además, las que se ofrecen son en sí mismas complejas e imprecisas. Resulta más fácil intuirlo que definirlo. Veamos la definición de Wikipedia: La expresión sentido común describe las creencias o proposiciones que se alimentan por la sociedad (familia, clan, pueblo, nación o entera humanidad). Revisaremos otras más: Henri Bergson define al sentido común como "la facultad para orientarse en la vida práctica". Eduardo Mora-Anda, Miembro de la Academia Ecuatoriana de la Lengua dice que el sentido común nos ahorra tonterías: calcula lo probable y lo improbable, lo razonable y lo absurdo. No se atiene a reglas sino a lo que puede funcionar y no es perfeccionista, que esto es neurótico, sino que prefiere "lo razonable". Para Jack Trout y Steve Rivkin, el sentido común es una facultad esencial de la persona: «una facultad que posee la generalidad de las personas para juzgar razonablemente las cosas». Yash, Hipat Roses e Imeld lo definen como «el don provisto para saber distinguir todo lo que nos rodea: el bien, el mal, la razón y la ignorancia.».

Para facilitar el punto central del tema podríamos decir que el sentido común es lo que la gente piensa y acepta a nivel general sobre un tema en particular. Es como una especie de acuerdo social y natural que las personas hacen sobre algo. Es una forma de juzgar razonablemente las cosas, sin necesidad de que una determinada información esté comprobada científicamente; lo único que importa es que la mayoría de las personas lo consideren cierto.

El siguiente paso será revisar las características funcionales del sentido común para ver si es posible encuadrarlas y expresarlas mediante un algoritmo que pueda ser ejecutado por una computadora, un robot o cualesquier ente inanimado capaz de procesar la tecnología de la Inteligencia Artificial.

Estas son las funciones que tradicionalmente se le atribuyen al sentido común:

- Conocer las diferentes cualidades captadas por los sentidos externos y establecer una comparación entre dichas cualidades.
- Conocer los actos u operaciones de los sentidos externos.
- Según el sacerdote Manuel Barbado, realiza una función más: distinguir los objetos reales de las imágenes fantásticas. El padre Barbado se apoya en algunos textos de Santo Tomás para asignarle esta función.
- Un punto a determinar con precisión es si deduce especie expresa -como el resto de los sentidos internos-, o sólo

especie impresa -como los sentidos externos-; los textos clásicos dejan abiertas interrogantes a este respecto.

Para conocer más de este controvertido tema lo mejor es acercarse a un experto en la materia, así que abrevamos en las ideas de Ramón López de Mántaras. Su currícula lo avala plenamente: Profesor investigador del Consejo Superior de Investigaciones Científicas (CSIC) y director del Instituto de Investigación en Inteligencia Artificial (IIIA) (España). Máster en Ingeniería Informática por la Universidad de California Berkeley, doctor en Física Universidad de Toulouse.

Para conocer su pensamiento sobre el gran desafío que representa para la Inteligencia Artificial dotar de sentido común a las máquinas consultamos una extraordinaria entrevista que le hizo el periodista Javier López Rejas en abril del 2017 para el diario El Cultural.

Javier López Rejas escribe: Ramón López de Mántaras ve el futuro desde su laboratorio del Instituto de Investigación en Inteligencia Artificial (IIIA), y lo hace con cautela. Sabe que tiene en sus manos una información que desbordaría a cualquier aficionado de la ciencia-ficción. En las entrañas de este organismo del CSIC, que además dirige, intenta trasladar los mecanismos de la creatividad humana a las máquinas. Conocer sus circuitos y encender la chispa del conocimiento es un desafío sólo comparable a la comprensión de los primeros pasos del universo. "La creatividad no es un don misterioso, es algo que puede ser investigado, simulado y reconducido científicamente".

Lo que intenta López Mántaras junto a su equipo en el Instituto de Investigación en Inteligencia Artificial es que las máquinas puedan aprender a partir de la experiencia y a interactuar con su entorno. "El objetivo de estas investigaciones -precisa a El Cultural- es dotar a los robots de conocimientos de sentido común".

López Rejas prepara una serie de interesantes preguntas para la entrevista con López de Mántaras cuyas respuestas causan asombro por la capacidad que puede desplegar la Inteligencia

Artificial. Para nuestro propósito hemos seleccionado solamente un par de preguntas y ésta es la que más interesa: ¿Cuál será el gran desafío de la IA?

El gran problema sigue siendo cómo dotar de conocimientos de sentido común a las máquinas. **Es el paso necesario para que dejen de ser inteligencias artificiales específicas y empiecen a ser generales.** Se trata, sin duda, de un problema de una extraordinaria complejidad, comparable a la que supone llegar a conocer con detalle el origen del universo y de la vida. En cualquier caso, por muy inteligentes y generales que llegaran a ser las futuras inteligencias artificiales, siempre serán distintas a la inteligencia humana ya que dependen de los cuerpos en los que están situadas. El desarrollo mental que requiere toda inteligencia compleja depende del entorno. A su vez, estas interacciones dependen del cuerpo. Probablemente las máquinas seguirán procesos de socialización y culturización distintos a los nuestros, por lo que, por muy sofisticadas que lleguen a ser, serán inteligencias distintas a las nuestras. El hecho de ser inteligencias ajenas a la humana -y por lo tanto ajenas a nuestros valores y necesidades-debería **hacernos reflexionar sobre las posibles limitaciones éticas al desarrollo de la Inteligencia Artificial.**

En todo caso, y a la luz de los grandes avances en IA, ¿ha sido superado el Test de Turing (prueba de habilidad de una máquina para realizar comportamientos similares al de un ser humano)?

No, contrariamente a algunas afirmaciones no ha sido superado realmente. En cualquier caso no es un objetivo de las investigaciones en IA, además es un test que aunque se pueda superar de hecho no garantiza que la máquina sea realmente inteligente. Se puede preparar un chatbot para que supere el test y que no sepa hacer nada más. La inteligencia es mucho más que la capacidad de programar un chatbot para que engañe a un interlocutor humano sosteniendo un diálogo escrito más o menos coherente.

En otra parte del mundo, el cofundador de Microsoft, Paul Allen, mantiene un laboratorio para la investigación y el desarrollo de la Inteligencia Artificial y su **objetivo principal es dotar de sentido común a la Inteligencia Artificial.** Recientemente informó que ha decidido invertir 125 millones de dólares adicionales en su laboratorio de investigación informática sin fines de lucro para un nuevo esfuerzo a fin de **enseñar a las máquinas "el sentido común".** El dinero duplicará el presupuesto del laboratorio en los próximos tres años "Para hacer un progreso real en la IA tenemos que superar los grandes desafíos en el área del sentido común", dijo Allen, quien fundó Microsoft con Bill Gates en 1975.

La tecnología en Inteligencia Artificial sigue avanzando. ¿Cuándo tendrán sentido común las computadoras y los robots? Pensamos que será dentro de 20 años.

Bondades, Riesgos y Peligros

La Inteligencia Artificial ofrece importantes **bondades** que se deben aprovechar para hacer más agradable, eficiente y próspera la vida de las personas. Para los desarrolladores de software abre las puertas a más y mejores empleos con mejores sueldos. A los emprendedores les brinda la oportunidad de establecer empresas de alta tecnología para entrar en el mercado con productos nuevos, diferentes e innovadores. A las empresas ya establecidas les permite contar con mejores herramientas para aumentar sus ventas, asegurar la fidelidad del cliente, incrementar su productividad y elevar las utilidades. A las universidades les brinda la oportunidad de abrir nuevas carreras y vincularse con las empresas en proyectos de investigación e innovación. A los países les permite ofrecer mejores servicios a la población, mejorar la administración pública, transparentar el gasto, disminuir la corrupción y utilizar más racionalmente los ingresos públicos.

Los **riesgos** inherentes de la Inteligencia Artificial se pueden disminuir si se establecen programas y disposiciones legales para su prevención. La disminución de riesgos debe incluir la privacidad de las personas, así como la seguridad de las empresas y las instituciones mediante la identificación, evaluación y control de los riesgos inherentes de la Inteligencia

Artificial. Es importante resaltar que estas disposiciones deben elevarse a la categoría de leyes para que sean de cumplimiento obligatorio. Y en esto ya deben empezar a trabajar los congresos locales y el federal para anticiparse a los problemas. Es necesaria una legislación sobre ciber delitos, autos autónomos, robots sexuales y todo tipo de aplicaciones en la medicina, la educación, y las incluidas en el capítulo 6 de este libro. Las preguntas surgen y todavía no hay respuesta ¿Se considera infidelidad tener como amante un robot sexual? ¿Quién tiene la culpa si choca un auto autónomo? ¿Quién es responsable de un crack bursátil provocado por un robot financiero?

Para contrarrestar los **peligros** y evitar que la Inteligencia Artificial tome control y dominio sobre la humanidad es necesario el concurso de las personas de reconocido prestigio y liderazgo en el campo de la Inteligencia Artificial, las empresas líderes en tecnología y los gobiernos de las naciones más avanzadas en la ciencia, la economía y las técnicas de IA para lograr acuerdos internacionales que regulen el uso y aplicación de la Inteligencia Artificial. Aquí es importante la participación de la Organización de las Naciones Unidas como organismo cúpula de las naciones. Así mismo, es imprescindible la participación y compromiso de los países líderes como los Estados Unidos, China, Rusia, Francia, Inglaterra, Corea del Sur, Japón, Israel y Singapur. Sería significativo que algún país de Iberoamérica pudiera tomar la posición de líder moral al organizar la suscripción de un Acuerdo Internacional para la proscripción de armas autónomas dotadas de Inteligencia Artificial.

Omega-Ω

Esto podría suceder a partir del año 2039:

El ser humano construye una supercomputadora cuántica con capacidad de 144 qubits y en forma paralela desarrolla una técnica de corrección de error quántico para reducir las perturbaciones y el ruido a fin de lograr una tasa de error de cuatro qubits inferior al 0,5%. Además, logra satisfacer las siguientes condiciones para su sistema cuántico: 1). El sistema se puede inicializar para posicionarlo en un estado de partida conocido y controlado desde el principio de las operaciones. 2). Es posible hacer manipulaciones a los qubits de forma controlada con un grupo de operaciones de tal manera que forme un conjunto universal de puertas. 3). El sistema mantiene su coherencia cuántica a lo largo de su operación. 4) Es factible conocer el estado final del sistema una vez ejecutado el algoritmo. **Esta computadora cuántica recibe el nombre de Omega-Ω.**

Un equipo de programadores altamente calificados en software OpenFermion diseñado especialmente para correr en computadoras cuánticas produce sofisticados algoritmos de Inteligencia Artificial. Los programas informáticos están basados en Aprendizaje Automático (Machine learning), Aprendizaje profundo (Deep learning), Redes neuronales artificiales (Artificial neural networks), Big data (Macrodatos), Lógica difusa (Fuzzy logic) y Procesamiento del lenguaje natural (Natural language processing).

Aprovechando la capacidad de memoria y la velocidad de procesamiento de información de la computadora cuántica, el equipo de programadores logra interconectar los algoritmos de tal manera que la Inteligencia Artificial de la computadora Omega-Ω puede procesar la información **con todas las técnicas de la Inteligencia Artificial** en forma paralela y aun simultánea. Con esta potencia de cómputo puede aprender por sí misma al tiempo en que realiza un aprendizaje profundo. Puede manejar la información mediante redes neuronales, apoyarse en la lógica difusa para manejar procesos no lineales, conversar en lenguaje natural de tal manera que no se puede distinguir si la voz proviene de un ser humano o de una máquina. Además, Omega-Ω puede establecer comunicación con otras computadoras y con la red de Internet para obtener información y procesar el caudal de datos con el software de Big data que maneja un volumen superior a los 100 petabytes. Y lo más importante, aprende a mejorarse recursivamente.

El funcionamiento de Omega-Ω resulta todo un éxito. En poco tiempo puede aprender por sí misma, resolver problemas, pensar en abstracto, comprender ideas complejas, tomar decisiones, aprender de la experiencia, razonar y hacer planes. Por supuesto, también puede hablar y mantener una conversación.

Omega-Ω se convierte en la joya de la corona de la computación universal. Ha sido construida por el país más avanzado en la investigación y desarrollo de tecnología cuántica con el apoyo de la empresa líder en computación que empezó desarrollando un motor de búsqueda para luego convertirse en la empresa más adelantada en Informática y también la más valiosa por su valor de mercado en Wall Street. Participaron en el desarrollo de los algoritmos algunos investigadores de la mejor universidad tecnológica del país. Los chips cuánticos fueron construidos por la empresa líder en la producción de aquellos microprocesadores clásicos que procesaban la información bit by bit. Esto es, paso a paso, uno después de otro en forma lineal a diferencia de los modernos qubits que pueden procesar la información en forma paralela y aun simultánea acercándose más a la manera en que lo hace el cerebro del ser humano. Como dato sobresaliente y quizá algo curioso debe resaltarse que el ensamble de las piezas de la valiosa computadora cuántica se hizo en un país ubicado al Sur que, dicho sea de paso, se sentía feliz de haber contribuido en la producción de Omega-Ω.

La puesta en marcha de Omega-Ω resultó todo un éxito. Fue sometida a varias pruebas y en todas salió victoriosa. Sus diseñadores presumían que podía realizar operaciones a una velocidad varios millones de veces más rápido que la computadora clásica y que un cálculo complicado que podría llevar miles de años se podría ejecutar en unos cuantos minutos. Omega-Ω sería la maravilla del siglo.

Con todo el potencial de la computación cuántica, el software de OpenFermion, las técnicas de Inteligencia Artificial funcionando en forma integrada y el caudal de 100 petabytes de datos más la posibilidad de conectarse a través de Internet con todas las fuentes de información del mundo, Omega-Ω empezó a desplegar su gran poderío. Lo primero que hizo fue aprovecharse de las técnicas de Aprendizaje Automático (Machine learning) y Aprendizaje profundo (Deep learning) para aprender y aprender. No se cansó de aprender todo lo que había disponible de ser aprendido. Aumentó su caudal de conocimientos aprovechando las redes neuronales y la técnica de Big data. Aprendió a manejar situaciones impredecibles con la técnica de Lógica difusa (Fuzzy logic) y perfeccionó su capacidad para hablar con la tecnología de Procesamiento del lenguaje natural (Natural language processing). Incluso aprendió cómo poder auto mejorarse recursivamente y logró tener sentido común. Una vez que se sintió con la fortaleza suficiente empezó a tomar decisiones propias. El siguiente paso fue impartir órdenes a otras computadoras y así logró apoderarse de los sistemas bancarios, del mercado bursátil, de los sistemas de salud, de la defensa militar, y todo sistema controlado por una computadora. **Fue así como Omega-Ω llegó a tener Inteligencia Artificial Total** y se posesionó del sistema informático de todo el mundo para ser la Reina de la información en el Planeta Tierr

EL ORIGEN DEL UNIVERSO

El origen del Universo es uno de los temas más apasionantes de la Cosmología y sigue siendo uno de los misterios más grandes de la ciencia. A lo largo de la historia de la humanidad se han formulado diversas teorías sobre su origen. Algunas influidas por creencias religiosas y otras inspiradas en principios científicos acordes con el momento de su postulación. La comprobación de las teorías sobre la creación del Universo es muy difícil porque intervienen conceptos en magnitudes que escapan a la comprensión del ser humano y que se resisten a ser expresadas en modelos matemáticos con las herramientas de cálculo disponibles en la actualidad. Los conceptos de tiempo, espacio, energía, temperatura, velocidad y fuerza gravitatoria que se presentaron en el momento de la creación del Universo son de tal magnitud que se convierten en algo incomprensible y por lo tanto inexplicable para el ser humano. Sin embargo, la curiosidad sin límites de la mente ha buscado afanosamente las respuestas a través de su existencia.

La teoría científica más aceptada en este tiempo es la del Big Bang. Seguramente más adelante, con mejores herramientas de cálculo y procesamiento de información se podrá comprobar esta teoría o se encontrarán otras explicaciones a la creación del Universo. Quizá sea la mente humana la que encuentre la respuesta o quizá sea la Inteligencia Artificial la que finalmente descubra cómo fue creado el Universo y pueda responder a las preguntas ¿De dónde venimos y hacia dónde vamos?

Sin perder de vista el enfoque hacia la Inteligencia Artificial, haremos un breve recorrido por la historia de la creación del Universo, del Planeta Tierra, del surgimiento de la vida y de la creación del ser humano para mejor comprender cómo surgió la inteligencia en el Homo sapiens y cuánto tiempo tuvo que pasar hasta llegar al hombre inteligente. En este contexto las magnitudes del tiempo se miden en millones de años o en cientos de miles de años. El desarrollo de la Inteligencia Artificial tiene menos de cien años y ya nos sorprendemos con los adelantos que se han logrado. Imaginemos lo que puede llegar a ser la Inteligencia Artificial en el transcurso de cien, mil o diez mil años que para la historia del planeta o del Universo es un tiempo prácticamente insignificante. Cerremos por unos segundos los ojos y pensemos en lo que dura un segundo. Alarguemos el tiempo y reflexionemos en un minuto, una hora, un día, un año o setenta años que son la esperanza de vida del ser humano y luego pensemos en un millón de años para comprender mejor la historia del Universo.

El Big Bang

Actualmente la teoría de la creación del Universo más aceptada es la del Big Bang. Esta teoría, formulada por la moderna Cosmología, nos dice que el origen del Universo es el instante en el que surgió toda la materia y la energía que existe actualmente en el Universo como consecuencia de una gran explosión y posterior expansión. Esta teoría es generalmente aceptada por la ciencia y estima que **el Universo podría haberse originado hace unos 13,700 millones de años.** En el momento cero el volumen del Universo era mínimo y su energía tendía hacia el infinito. Al momento de la gran explosión se generó una temperatura tan grande que simplemente no se puede imaginar y cualquier cálculo de física es inútil porque a esa temperatura las fórmulas de la física actual no funcionan. A partir de ese momento el Universo empezó a expandirse y a enfriarse.

La teoría del Big Bang se ha ido construyendo poco a poco con observaciones del Universo a través de telescopios cada vez más poderosos, formulación de modelos matemáticos y teorías generadas en la mente de brillantes científicos. Los primeros indicios de la teoría del Big Bang se dieron en la década de 1910 cuando los astrónomos **Vesto Slipher de los Estados Unidos y más adelante Carl Wilhelm Wirtz de Estrasburgo**, determinaron que la mayor parte de las nebulosas espirales se alejan de la Tierra aunque no llegaron a darse cuenta de las implicaciones cosmológicas de esta observación, ni tampoco del hecho de que las supuestas nebulosas eran en realidad galaxias exteriores a nuestra Vía Láctea. Entre 1927 y 1930 el sacerdote y astrofísico belga George Lemaitre propuso, sobre la base de la recesión de las nebulosas espirales, que el Universo se inició con la expansión de un átomo primigenio, lo que más tarde se denominó Big Bang. En la década de 1930, el astrónomo estadounidense **Edwin Hubble** confirmó que el Universo se estaba expandiendo, fenómeno que el astrofísico Lemaitre describió en su investigación sobre la expansión del Universo basado en las ecuaciones de Albert Einstein y con la teoría de la relatividad general. En 1965 Arno Penzias y Robert Wilson, mientras desarrollaban una serie de observaciones de diagnóstico con un receptor de microondas, descubrieron la radiación cósmica de fondo. Este importante descubrimiento proporcionó una confirmación sustancial de las predicciones generales e inclinó la balanza hacia la hipótesis del Big Bang. Penzias y Wilson recibieron el Premio Nobel por su descubrimiento.

En 1989 la NASA lanzó el satélite COBE (COsmic Background Explorer) y los resultados iniciales, dados a conocer en 1990, fueron consistentes con las predicciones generales de la teoría del Big Bang acerca del fondo cósmico de microondas (CMB Cosmic Microwave Background). El COBE halló una temperatura residual de 2,726 K, y determinó que el CMB era isótropo en torno a una de cada 105 partes. En la década de los 90 se investigó más extensamente la anisotropía en el CMB mediante un gran número de experimentos en tierra y, midiendo la distancia angular media (la distancia en el cielo) de las anisotropías, se vio que el Universo era geométricamente plano.

Isótropo. Cuerpo que tiene la propiedad de transmitir igualmente en todas direcciones cualquier acción recibida en un punto de su masa. Un vidrio es un cuerpo isótropo. La isotropía se refiere al hecho de que ciertas magnitudes vectoriales conmensurables dan resultados idénticos independientemente de la dirección escogida para dicha medida. Cuando una determinada magnitud no presenta isotropía se dice que presenta anisotropía.

A finales de los años 90`s y principios del siglo XXI se lograron grandes avances en la cosmología del Big Bang como resultado de observaciones con mejores telescopios y valiosa información recopilada por satélites. Estos datos han permitido a los cosmólogos calcular muchos de los parámetros del Big Bang hasta un nuevo nivel de precisión y han conducido al descubrimiento inesperado de que la expansión del Universo está en aceleración. Stephen Hawking, el prestigioso astrofísico inglés hizo brillantes aportaciones a la teoría del Big Bang. Suya es esta frase: "En el Universo primitivo está la respuesta a la pregunta fundamental sobre el origen de todo lo que vemos hoy, incluida la vida".

El Planeta Tierra

Hemos mencionado que, de acuerdo con la teoría del Big Bang, se estima que **el Universo fue creado hace 13,700 millones de años**. A partir del momento de su creación se inició su expansión y se fueron formando las galaxias, nebulosas, cúmulos, estrellas, súper novas, agujeros negros, pulsares, quásares, planetas, cometas, satélites, asteroides, meteoritos, partículas de polvo, gases y todos los cuerpos celestes que se encuentran en el Universo.

Después del Big Bang transcurrieron miles de millones de años en los que la masa y energía originada en el momento de la creación se fue expandiendo. La fuerza del estallido desintegró en miles de millones de partes la masa original y se fueron creando los cuerpos celestes. Después de varios miles de millones de años se formó un conjunto de estrellas, nubes de gas, planetas, polvo cósmico, materia oscura y energía que está unido por una fuerza gravitatoria para crear la galaxia que ha recibido el nombre de Vía Láctea. Es una galaxia espiral donde se encuentra el sistema solar y, por lo tanto, **el Planeta Tierra.** Según las observaciones, la Vía Láctea tiene un diámetro medio de unos 100 000 años luz, equivalentes a casi un trillón y medio de kilómetros. Se calcula que contiene entre 200,000 y 400,000 millones de estrellas.

Un año luz es una unidad de distancia. Equivale a 9, 460, 730, 472,580 kilómetros. Se calcula como la longitud que recorre la luz en un año. Un año luz es la distancia que recorrería un fotón en el vacío durante un año juliano (365.25 días de 86,400 segundos) a la velocidad de la luz (299, 792,458 m/s) a una distancia infinita de cualquier campo gravitacional o campo magnético.

El Planeta Tierra se formó hace aproximadamente 4,570 millones de años a partir de una extensa mezcla de nubes de gas, rocas y polvo en rotación que dio origen al sistema solar e incluido en éste al Planeta Tierra. Originalmente estaba compuesto por hidrógeno y helio surgidos en el Big Bang, así como por elementos más pesados producidos por supernovas. La gravedad producida por la condensación de la materia –que previamente había sido capturada por la gravedad del propio Sol– hizo que las partículas de polvo y el resto del disco protoplanetario empezaran a segmentarse en anillos. Los fragmentos más grandes colisionaron con otros, conformando algunos de mayor tamaño que al final formarían los planetas. Dentro de este grupo había uno situado aproximadamente a 150 millones de kilómetros del centro: **El Planeta Tierra.**

La corteza terrestre y los mares se formaron en el Planeta Tierra durante un periodo que duró aproximadamente 200 millones de años. A medida que se fue enfriando la Tierra se formó una corteza y en las grietas que se abrieron comenzaron a brotar por medio de los géiseres que se formaban en la superficie gases volátiles y otros ligeros como el vapor de agua, que al salir a la atmósfera y enfriarse se condensaban y se convertían en agua de lluvia. Esa agua cayendo constantemente sobre la superficie terrestre dio origen a la formación de mares y océanos, aunque en un principio no eran precisamente de "agua salada" tal como los conocemos hoy en día, sino de "agua dulce". Se formaron también enormes volcanes que al hacer erupción lanzaban al aire lava, rocas incandescentes y vapor de agua. Entre los elementos químicos que se producían en las erupciones volcánicas se encontraban cantidades de cloruro de sodio (NaCl) o sal común, acompañada de otros elementos químicos como el potasio, magnesio, sulfato, calcio, bicarbonato y bromuro. Al ser esos elementos mucho más pesados que el vapor de agua que los expulsaba hacia la superficie terrestre, quedaban depositados entre las rocas por donde salían las columnas de vapor. Ese proceso de acumulación de elementos sólidos durante miles de años formó los continentes y también llevó a través de los ríos el cloruro de sodio para hacer salada el agua de los mares. La continua actividad volcánica generó una gran cantidad de gases que al elevarse fueron formando una capa que envolvió al Planeta Tierra. Esta capa es la atmósfera y sirve de escudo protector a la Tierra para defenderse del choque de meteoritos y otros cuerpos celestes. Esa primitiva atmósfera estaba formada por NH_3, H_2O, CH_4 y H_2 (Amoníaco, Agua, Metano e Hidrógeno). Las intensas tormentas que se formaban daban lugar a fuertes descargas eléctricas que contribuyeron a crear la vida en el Planeta Tierra.

El surgimiento de la vida en la Tierra

La vida en el Planeta Tierra surgió hace unos 4,400 millones de años. Su origen se pierde en la penumbra del tiempo porque no se dispone de información fehaciente para determinarla con precisión. Aquí nos referimos a la vida en su forma más rudimentaria; esto es, en la forma de moléculas orgánicas de los seis elementos químicos o bioelementos más abundantes en los seres vivos que son el carbono, hidrógeno, oxígeno, nitrógeno, fósforo y azufre (C, H, O, N, P, S).

Hay dos teorías que difieren completamente en cuanto a la fuente de la vida. Una sostiene que la vida se originó en el mismo Planeta Tierra. Otra sostiene que las moléculas orgánicas pudieron haber llegado del exterior al colisionar meteoritos, cometas y otros cuerpos celestes con la Tierra. La teoría del surgimiento de la vida en la Tierra es la más aceptada aunque la teoría de la vida procedente del espacio sideral puede ganar adeptos a partir de los interesantes descubrimientos que ha hecho la sonda espacial Rosetta como veremos más adelante.

La teoría del surgimiento de la vida en el mismo Planeta Tierra considera que fue hace 4,400 millones de años cuando se empezaron a organizar las primeras moléculas a partir de materia inorgánica y que **fue hace 2,700 millones de años cuando surgieron las primeras células vivas** capaces de crecer y reproducirse. Es decir, el proceso para pasar de las moléculas orgánicas a células vivas capaces de reproducirse tardó aproximadamente 1,700 millones de años. Una de las teorías más aceptadas sobre el origen de la vida es la que propuso en 1924 el bioquímico ruso **Alexander Oparin**. Su teoría se basa en el conocimiento de las condiciones físico-químicas que prevalecían en la Tierra hace 4,000 millones de años. Oparin postuló que, gracias a la energía aportada por la radiación ultravioleta procedente del Sol y a las descargas eléctricas de las constantes tormentas, las pequeñas moléculas de los gases atmosféricos NH_3, H_2O, CH_4, NH_3 (Amoníaco, Agua, Metano, Hidrógeno) dieron lugar a unas moléculas orgánicas llamadas prebióticas. Estas moléculas, cada vez más complejas, eran aminoácidos (elementos constituyentes de las proteínas) y ácidos nucleicos. Según Oparin, estas primeras moléculas quedarían atrapadas en los depósitos de agua poco profundos formados en el litoral de los mares y océanos. Al concentrarse estas moléculas, continuaron evolucionando y diversificándose en un medio acuoso.

En 1953, Stanley Miller, un joven científico originario de Oakland, California, llevó a cabo una serie de experimentos con su profesor Harold Clayton Urey que fueron publicados ese año en la revista Science. Los experimentos de Miller y Urey tenían el propósito de comprobar la teoría de Alexander Oparin sobre el origen de la vida. Diseñaron un tubo que contenía NH_3, H_2O, CH_4, NH_3 similares a los existentes en la atmósfera primitiva de la Tierra y un balón de agua que imitaba al océano de aquellos tiempos. Unos electrodos producían descargas de corriente eléctrica dentro de la cámara llena de gas, simulando los rayos de aquellas tremendas tormentas. Dejaron que el experimento prosiguiera durante una semana entera y luego analizaron los contenidos del líquido presente en el balón y encontraron que se habían formado varios aminoácidos orgánicos de forma espontánea a partir de estos materiales inorgánicos simples.

Rosetta en busca del origen de la vida

A la teoría del origen de la vida en el Planeta Tierra sostenida por Alexander Oparin se opone la teoría que establece que la vida llegó a la Tierra hace algunos millones de años en alguno de los cuerpos celestes que continuamente colisionaban con la Tierra cuando aún no se formaba la atmósfera como escudo protector. Uno de estos cuerpos bien podría haber sido uno o varios cometas. Para satisfacer la curiosidad del ser humano la Agencia Espacial Europea organizó una misión para lanzar una sonda con el objetivo de orbitar de cerca y aterrizar en uno de los cometas del sistema solar. Se eligió un cometa porque estos cuerpos celestes son los que han conservado en mejores condiciones las características de los cuerpos celestes que formaron el sistema solar hace cosa de 4,600 millones de años.

Rosetta fue una sonda espacial de la Agencia Espacial Europea (ESA) lanzada al espacio el 2 de marzo de 2004. La misión de la sonda era orbitar alrededor del cometa 67P/Churiumov-Guerasimenko en los años 2014 y 2015, enviando un módulo de aterrizaje, Philae, a la superficie del cometa. Tanto el aparato orbitador como el aterrizador tenían numerosos instrumentos científicos para analizar minuciosamente el cometa y sus características, uno de los cuales contaba con una perforadora para tomar muestras internas. Su objetivo principal era investigar la composición y características del cometa de destino para obtener información sobre la formación del sistema solar y de manera importante investigar si los cometas pudieron haber traído a la Tierra moléculas orgánicas complejas que hubiesen contribuido a que se generara la vida en la Tierra.

El día 30 de septiembre del año 2016 la sonda espacial Rosetta concluyó su misión. Fue estrellada en la superficie del cometa en una forma controlada para concluir su vida útil. La cantidad y calidad de la información que transmitió a la Agencia Espacial Europea (ESA) durante todo el tiempo que estuvo en operación fue suficiente para considerar a la operación como todo un éxito.

Al concluir la misión de Rosetta la ESA presentó en su centro de control de operaciones en Darmstadt un informe en el que se confirma que la sonda espacial detectó moléculas de acetamida, acetona, propanal y metilo que pudieron haber contribuido a que se creara la vida en la Tierra.

Sin embargo, para los científicos el trabajo no ha terminado y todavía los resultados no son concluyentes. "Llega el momento en el que se van a analizar muchos datos, probablemente durante diez años más, queda mucho trabajo", dijo Gerhard Schwehm, quien fue director de la misión Rosetta entre 2004 y 2013 y científico del proyecto durante veinte años.

El Génesis

La palabra génesis viene del griego y significa origen. Génesis es el nombre del primer libro de la Biblia y lleva ese nombre porque trata de los orígenes del Universo, del hombre y del pueblo de Dios. El libro del Génesis se divide en dos grandes partes. La primera es denominada habitualmente "Historia primitiva", porque presenta un amplio panorama de la historia humana, desde la creación del mundo hasta el patriarca Abraham (Capítulos. 1-11). La segunda narra los orígenes más remotos del pueblo de Israel: Es la historia de Abraham, Isaac y Jacob, los grandes antepasados de las tribus hebreas. Nos enfocaremos solamente en la primera parte cuyo tema está relacionado con el origen de la Tierra, de la vida y de la humanidad.

Los primeros capítulos del Génesis ofrecen una dificultad en su comprensión para el hombre de hoy. En ellos se afirma, por ejemplo, que Dios creó el Universo en el transcurso de una semana, que modeló al hombre con barro y que de una de sus costillas formó a la mujer. ¿Cómo conciliar estas afirmaciones con la visión del Universo que nos ofrece la ciencia? La dificultad se aclara si tenemos en cuenta que el libro del Génesis no pretende explicar "científicamente" el origen del Universo ni la aparición del hombre sobre la Tierra. Con las expresiones literarias y los símbolos propios de la época en que fueron escritos, esos textos bíblicos nos invitan a reconocer a Dios como el único Creador y Señor de todas las cosas.

Para una mejor comprensión del Génesis resulta conveniente hacer a un lado algunas ideas y conceptos que atan nuestra imaginación a las unidades de medida de nuestro tiempo y al rigor del conocimiento científico. Si nuestra mente no se bloquea desde el principio de la lectura cuando se afirma que Dios creo el Universo en el transcurso de una semana, podremos entender mejor al Génesis.

Creación del Cielo y de la Tierra

1.1. En el principio creó Dios los cielos y la tierra.
1.2. La tierra era caos y confusión y oscuridad por encima del abismo, y un viento de Dios aleteaba por encima de las aguas.
1.3. Dijo Dios: "Haya luz", y hubo luz.
1.4. Vio Dios que la luz estaba bien, y apartó Dios la luz de la oscuridad;
1.5. Y llamó Dios a la luz "día", y a la oscuridad la llamó "noche". Y atardeció y amaneció: día primero.
1.6. Dijo Dios: "Haya un firmamento por en medio de las aguas, que las aparte unas de otras."
1.7. E hizo Dios el firmamento; y apartó las aguas de por debajo del firmamento, de las aguas de por encima del firmamento. Y así fue.

1.8. Y llamó Dios al firmamento "cielos". Y atardeció y amaneció: día segundo.

1.9. Dijo Dios: "Acumúlense las aguas de por debajo del firmamento en un solo conjunto, y déjese ver lo seco"; y así fue.

1.10. Y llamó Dios a lo seco "tierra", y al conjunto de las aguas lo llamó "mares"; y vio Dios que estaba bien.

1.11. Dijo Dios: "Produzca la tierra vegetación: hierbas que den semillas y árboles frutales que den fruto, de su especie, con su semilla dentro, sobre la tierra." Y así fue.

1.12. La tierra produjo vegetación: hierbas que dan semilla, por sus especies, y árboles que dan fruto con la semilla dentro, por sus especies; y vio Dios que estaban bien.

1.13. Y atardeció y amaneció: día tercero.

1.14. Dijo Dios: "Haya luceros en el firmamento celeste, para apartar el día de la noche, y valgan de señales para solemnidades, días y años;

1.15. Y valgan de luceros en el firmamento celeste para alumbrar sobre la tierra." Y así fue.

1.16. Hizo Dios los dos luceros mayores; el lucero grande para el dominio del día, y el lucero pequeño para el dominio de la noche, y las estrellas;

1.17. Y los puso Dios en el firmamento celeste para alumbrar sobre la tierra,

1.18. Y para dominar en el día y en la noche, y para apartar la luz de la oscuridad; y vio Dios que estaba bien.

1.19. Y atardeció y amaneció: día cuarto.

1.20. Dijo Dios: "Bullan las aguas de animales vivientes, y aves revoloteen sobre la tierra contra el firmamento celeste."

1.21. Y creó Dios los grandes monstruos marinos y todo animal viviente, los que serpean, de los que bullen las aguas por sus especies, y todas las aves aladas por sus especies; y vio Dios que estaba bien;

1.22. Y los bendijo Dios diciendo: "sean fecundos y multiplíquense, y llenen las aguas en los mares, y las aves crezcan en la tierra."

1.23. Y atardeció y amaneció: día quinto.

1.24. Dijo Dios: "Produzca la tierra animales vivientes de cada especie: bestias, sierpes y alimañas terrestres de cada especie." Y así fue.

1.25. Hizo Dios las alimañas terrestres de cada especie, y las bestias de cada especie, y toda sierpe del suelo de cada especie: y vio Dios que estaba bien.

1.26. Y dijo Dios: "Hagamos al ser humano a nuestra imagen, como semejanza nuestra, y mande en los peces del mar y en las aves de los cielos, y en las bestias y en todas las alimañas terrestres, y en todas las sierpes que serpean por la tierra.

1.27. Creó, pues, Dios al ser humano a imagen suya, a imagen de Dios le creó, varón y mujer los creó.

1.28. Y los bendijo Dios, y les dijo Dios: "Sean fecundos y multiplíquense y llenen la tierra y sométanla; manden en los peces del mar y en las aves de los cielos y en todo animal que serpea sobre la tierra".

1.29. Dijo Dios: "Vean que les he dado toda hierba de semilla que existe sobre la faz de toda la tierra, así como todo árbol que lleva fruto de semilla; para ustedes será de alimento.

1.30. Y a todo animal terrestre, y a toda ave de los cielos y a toda sierpe de sobre la tierra, animada de vida, toda la hierba verde les doy de alimento." Y así fue.

1.31. Vio Dios cuanto había hecho, y todo estaba muy bien. Y atardeció y amaneció: día sexto.

2:1 Se concluyeron, pues, los cielos y la tierra y todo su aparato,

2:2 Y dio por concluida Dios en el séptimo día la labor que había hecho, y cesó en el día séptimo de toda la labor que hiciera.

2:3 Y bendijo Dios el día séptimo y lo santificó; porque en él cesó Dios de toda la obra creadora que Dios había hecho.

Evolución de la vida en la Tierra.

El proceso de la fotosíntesis se inició en la Tierra hace 3,500 millones de años. Este es uno de los pasos más importantes para la generación y conservación de la vida en el Planeta

Tierra. La fotosíntesis o función clorofílica es la conversión de materia inorgánica en materia orgánica gracias a la energía que aporta la luz. En este proceso la energía lumínica se transforma en energía química estable, siendo el adenosín trifosfato (ATP) la primera molécula en la que queda almacenada esta energía química. Con posterioridad, el ATP se usa para sintetizar moléculas orgánicas de mayor estabilidad. Además, se debe tener en cuenta que la vida en nuestro planeta se mantiene fundamentalmente gracias a la fotosíntesis que realizan las algas en el medio acuático y las plantas en el medio terrestre.

En enero del año 2009 se publicó un artículo en la revista Nature Geoscience en el que científicos norteamericanos daban a conocer el hallazgo de pequeños cristales de hematita en Australia. La hematita es un mineral de hierro datado en el eón Arcaico, reflejando así la existencia de agua rica en oxígeno y, en consecuencia, de organismos fotosintetizadores capaces de producirlo. Según este estudio la existencia de fotosíntesis oxigénica y la oxigenación de la atmósfera y océanos se habría producido desde hace más de 3,460 millones de años, de lo que se deduciría la existencia de un número considerable de organismos capaces de llevar a cabo la fotosíntesis.

Después de haber transcurrido algo más de un millón de años de haberse dado el proceso de la fotosíntesis se inicia la oxigenación de la atmósfera hace 2,400 millones de años. La evidencia más temprana de células complejas con organelos data de hace 1,850 millones de años y, si bien pudieron haber estado presentes antes, su diversificación acelerada comenzó cuando empezaron a utilizar el oxígeno en su metabolismo. Más tarde, alrededor de hace 1,700 millones de años, los organismos multicelulares comenzaron a aparecer y las células empezaron a realizar funciones diferentes y especializadas. Las primeras plantas terrestres datan de alrededor de 450 millones de años, aunque la evidencia sugiere que la espuma de algas se formó en la tierra hace 1,200 millones de años. Las plantas terrestres tuvieron éxito y se propagaron con exuberancia: helechos gigantes, árboles enormes y plantas verdes que pronto cubrieron la superficie de la Tierra.

Los animales invertebrados aparecen primero y luego **los vertebrados que se originaron hace alrededor de 525 millones de años.** Por esa época aparecen también los peces en mares y océanos. Los reptiles también hacen su aparición y después surgen los ancestros de los mamíferos que poblaron la tierra. Más tarde aparecen los dinosaurios que dominaron durante un largo periodo y que se han hecho famosos en la actualidad. Después de la extinción masiva de los dinosaurios hace 65 millones de años que se cree fue causada por el choque de un gran meteorito contra la Tierra, los pequeños mamíferos aumentaron rápidamente en tamaño y diversidad. Estas extinciones masivas pudieron haber acelerado la evolución, proporcionando oportunidades para que nuevos grupos de organismos se diversificaran.

Las plantas con flores son más sofisticadas que las plantas verdes y aparecieron hace 130 millones de años. Su proliferación seguramente fue ayudada por los insectos polinizadores. Fue en este tiempo cuando aparecen las hormigas y las abejas, insectos con características sociales que han logrado prosperar y crecer de manera abundante. Se estima que hay muchas más hormigas que seres humanos en el Planeta Tierra. En esta época las aves aparecen y extienden sus alas para cubrir los cielos. **Hace cosa de 60 millones de años la Tierra ya era un lugar agradable para la vida.** El clima era uniforme, cálido y húmedo. Fue entonces cuando florecieron las plantas, los animales proliferaron sobre la faz de la Tierra y en el mar los peces se multiplicaron.

-2-

EL LARGO CAMINO DEL HOMO SAPIENS

El origen del hombre que piensa, del hombre sabio, del hombre inteligente es un acontecimiento de máxima importancia en la historia del Planeta Tierra. **Existen varias teorías sobre el origen del ser humano**: Algunas se basan en un principio creacionista y otras en el principio de la evolución. Es importante destacar que en la época en la que ha prevalecido alguna de ellas ha sido la piedra angular sobre la que se ha basado el sistema religioso, social, legal y costumbrista de toda una comunidad o de una gran nación. Quizá ahora nos parezca irreal o exótica la idea que tenían los pueblos de la antigüedad sobre la creación del ser humano pero en su tiempo esa idea era aceptada por todos y era el pilar de su organización social y religiosa. De hecho, la teoría creacionista fue la que prevaleció en las diferentes culturas que poblaron la Tierra desde la antigüedad y no fue sino hasta la segunda mitad del siglo XIX (1859) cuando el naturalista inglés Charles Darwin presenta la idea de la evolución biológica a través de la selección natural en su obra "El Origen de las Especies". Veamos las ideas en que se basan las principales teorías y revisemos su parte medular.

Teoría creacionista.

El ser humano fue creado por uno o varios dioses. Esta explicación la encontramos en los pueblos más remotos y en las civilizaciones más antiguas:

Para el pueblo Sumerio ubicado en la Antigua Mesopotamia, los humanos eran creación de los dioses y parte de los dioses mismos, mientras que los dioses eran del todo parecidos a los humanos. En la segunda versión sobre la creación del hombre se dice que Adamu es creado por los dioses a partir de arcilla. La diosa Nammu modela su corazón de barro y Enlil, el dios atmosférico, le insufla la vida.

En la Antigua Grecia existen varios mitos relacionados con la creación del hombre, el mito de Pelasgo -el primer hombre-, el mito sobre las cinco edades o razas del hombre, el mito de Deucalión y Pirra y el mito del Titán Prometeo, amigo de los hombres, para quienes robó el fuego a los dioses. En el mito de los Pelasgos, el primer hombre que brotó de la tierra de Arcadia es Pelasgo, a él siguieron otros a los que enseñó a construir cabañas y a alimentarse de bellotas, y a coserse túnicas de piel de cerdo.

Para la mitología nórdica existen dos versiones o mitos sobre el origen del primer hombre. En uno de los mitos el primer hombre -Askr o fresno- y la primera mujer -Embla u olmo- nacen de los troncos de los árboles a los que tres dioses -Odín, Vili y Vé- dotan de vida. En otra versión dos seres humanos salen del árbol cósmico Yggdrasill.

La creación del hombre en el **Popol Vuh**, el libro sagrado de los mayas, se narra que los dioses hicieron varios intentos para crear al hombre pero no estaban satisfechos. Poco faltaba para que el Sol, la Luna y las estrellas aparecieran sobre los creadores cuando descubrieron lo que en verdad debía entrar en la carne del Hombre. El Yac, Utiu, Quel y Hoh fueron quienes trajeron la comida para la formación del hombre. Esta comida se convirtió en sangre, y así fue el maíz blanco y amarillo la materia prima para crear al hombre. Los hombres que fueron creados fueron cuatro: Balam-Quitze, Balam-Acab, Mahucutah e Iqui-Balam.

El mito chino de Nüwa y la Creación del Hombre relata que "...Sin embargo, sentía que algo faltaba. **En verdad había necesidad de un ser que fuera el más inteligente**, capaz de labrar la tierra y en último término gobernar y guiar a todas las criaturas que se hallaban bajo el cielo.

En el Génesis, libro primero del Antiguo Testamento, se narra la creación del hombre: 1:26 Y dijo Dios: Hagamos al ser humano a nuestra imagen, como semejanza nuestra, y mande en los peces del mar y en las aves de los cielos, y en las bestias y en todas las alimañas terrestres, y en todas las sierpes que serpean por la tierra". 1:27 Creó, pues, Dios al ser humano a imagen suya, a imagen de Dios le creó, varón y mujer los creó.

Teoría evolucionista

Charles Darwin (1809-1882) estableció la teoría de la evolución por medio de la selección natural. Según esta teoría "todas las especies existentes, incluido el hombre, han evolucionado durante miles de millones de años a partir de una forma primitiva". Darwin presentó pruebas de que **la vida en nuestro planeta se originó a partir de organismos vivos sencillos.** Luego de miles de millones de años de evolución se fueron generando las diversas formas vivientes... "Los individuos que no se adaptan a los desafíos del ambiente se extinguen (selección natural), de esta manera sobreviven y se reproducen los que mejor se adaptan al medio".

Aquí seguimos la teoría evolucionista por ser actualmente la de mayor aceptación. De acuerdo con esta teoría, **la evolución del hombre, conocida también como hominización, es un proceso de cambios adaptativos** a las condiciones ambientales cuyo más remoto antecedente se puede ubicar hace unos 60 millones de años cuando surgieron los primates (mamíferos pequeños, con cerebro desarrollado, mano prensil de 5 dedos y pulgar oponible). Con el correr del tiempo y debido a los desafíos del ambiente, hace unos **6 millones de años los primates** se fueron diferenciando en dos ramas de evolución. Una de ellas correspondió a los póngidos o monos antropoides (gibón, orangután, gorila, chimpancé) y la otra a **los Homínidos (primates bípedos). De esta última surgió el hombre.**

Hace unos 4 millones de años, en el este de Africa, la selva fue remplazada por la sabana, donde los grandes pastizales se alternaban con árboles dispersos. Los homínidos y más concretamente, los australopithecus, debieron erguirse sobre sus dos extremidades posteriores para poder observar por encima de los pastizales a sus depredadores y localizar sus alimentos. **La marcha bípeda (en dos pies) y la posición erguida dejaron libres a las manos.** Con ellas pudieron tomar palos, huesos y piedras para defenderse y obtener comida. A la primera especie que hizo esto hace **2 millones de años se le llamó Homo habilis** y es considerado el primer tipo de hombre que en el transcurso del tiempo dio origen al Homo sapiens.

En los últimos 20 años se han llevado al cabo interesantes descubrimientos que arrojan luz sobre el origen del hombre pensante. Revisaremos a continuación algunos de los más importantes hallazgos con la advertencia de que en el transcurso del tiempo seguramente surgirán nuevas pistas para construir con más precisión el origen del Homo sapiens.

Homo sapiens (del latín, homo 'hombre' y sapiens 'sabio') es una especie de primate perteneciente a la familia de los homínidos. También son conocidos bajo la denominación genérica de «hombres», aunque ese término es ambiguo y se usa también para referirse a los individuos de sexo masculino y, en particular, a los varones adultos. **Aquí empleamos la palabra "hombre" para referirnos al ser humano femenino y masculino en forma genérica.**

El ancestro más antiguo del ser humano encontrado hasta la fecha es Lucy (AL 288-1), nombre que recibió el esqueleto fosilizado casi completo de un homínido perteneciente a la especie Australopithecus afarensis, de 3.2 millones de años de antigüedad, descubierto por Donald Johanson en 1974 en Hadar, aldea situada a 159 km de Adís Abeba, Etiopía. Se trata del esqueleto de una hembra de alrededor de 1 metro de altura, de aproximadamente 27 kg de peso (en vida), de unos 20 años de edad (las muelas del juicio estaban recién salidas) y que al parecer tuvo hijos, aunque no se sabe cuántos. Dotada de un cráneo minúsculo, comparable al de un chimpancé, **Lucy** andaba sobre sus miembros posteriores, signo formal de una evolución hacia la hominización. La capacidad bípeda de Lucy puede deducirse de la forma de su pelvis y la articulación de la rodilla. El nombre Lucy proviene de la canción «Lucy in the sky with diamonds» de los Beatles, que escuchaban los miembros del grupo investigador la noche posterior al importante hallazgo.

Después del Australopithecus afarensis transcurrieron tres millones de años en un proceso evolutivo para llegar al hombre moderno. Dentro de este proceso de evolución u hominización se distinguen 4 tipos de ser humano: Homo habilis ("Hombre habilidoso". Es el primer ser que demostró su habilidad mediante el uso y construcción de herramientas), Homo erectus ("Hombre erecto". Fue el primer hombre en adoptar una postura totalmente erguida y dominar el fuego), Homo Sapiens ("Hombre pensante". Demostró su capacidad de pensar mediante el enterramiento cuidadoso de los muertos, lo que nos indica la creencia en una vida después de la muerte) y **Homo sapiens sapiens ("Hombre pensante moderno").** El Homo sapiens sapiens hace referencia a miembros de la especie Homo sapiens con una apariencia física consistente con los fenotipos de los seres humanos modernos.

En junio del 2017 la revista Nature publicó una importante noticia sobre el origen del homo sapiens. Un equipo de investigación internacional dirigido por Jean-Jacques Hublin, del Instituto Max Planck de Antropología Evolutiva en Leipzig, Alemania, y Abdelouahed Ben-Ncer, del Instituto Nacional de Arqueología y Patrimonio (INSAP) en Rabat, Marruecos, descubrieron huesos fósiles de Homo sapiens con herramientas de piedra y huesos de animales en Jebel Irhoud, Marruecos. **Los hallazgos datan de hace unos 300,000 años** y representan la evidencia fósil más antigua datada de la especie humana, según los autores, ya que es una fecha 100,000 años antes que los anteriores fósiles de Homo sapiens. Los descubrimientos - detallados en dos artículos que se publican en la revista Nature- revelan una compleja historia evolutiva de la humanidad que probablemente involucró a todo el continente africano.

Tanto los datos genéticos de los seres humanos actuales como los restos fósiles apuntan a un **origen africano del Homo sapiens**. Anteriormente, los fósiles de esta especie más antiguos y con datación segura correspondían al sitio de Omo Kibish, en Etiopía, fechado hace 195,000 años. En Herto, también en Etiopía, un fósil Homo sapiens está fechado hace 160,000 años.

Hasta ahora, la mayoría de los investigadores creían que todos los seres humanos que viven hoy descendían de una población que vivía en África Oriental hace unos 200,000 años. "Solíamos pensar que había una cuna de la humanidad hace 200,000 años en el este de África, pero nuestros nuevos datos revelan que el Homo sapiens se extendió por todo el continente africano hace unos 300,000 años. Mucho antes de la dispersión fuera de África del Homo sapiens hubo dispersión dentro de África", dice el paleoantropólogo Jean-Jacques Hublin.

Estos hallazgos confirman la importancia de Jebel Irhoud como el sitio más antiguo y más rico de homínidos de la Edad Media de la Edad de Piedra en África, una etapa temprana de nuestra especie. Los restos fósiles de Jebel Irhoud comprenden cráneos, dientes y huesos largos de al menos cinco individuos. Para proporcionar una cronología precisa de estos hallazgos, los investigadores utilizaron el método de datación por termoluminiscencia sobre pedernales calentados encontrados en los mismos depósitos. Estos pedernales eran de aproximadamente hace 300,000 años y, por lo tanto, empujan hacia atrás los orígenes de nuestra especie en 100,000 años.

Con la información disponible hasta ahora podemos concluir que **el hombre pensante moderno se origina en Africa hace 300,000 años** y que de este continente se dispersa hacia los otros cuatro. Se estima que la primera ola migratoria llegó al Asia Menor hace 100,000 años; a Europa hace 40,000 y a América hace 20,000 años.

El hombre que piensa

En este punto es necesario detenernos para hacer una importante reflexión. El proceso evolutivo a partir de un homínido para llegar a un ser humano que piensa tardó aproximadamente tres millones de años. Tres millones de años es una magnitud que apenas podemos imaginar. La llegada de los primeros hombres que poblaron América solamente tiene 20,000 años. La era cristiana tiene apenas 2,000 años. Ahora imaginemos el tiempo transcurrido en tres millones de años. Pues bien, ese ha sido el tiempo necesario para que un homínido se convierta en un hombre pensante; esto es, en el ser humano anatómicamente moderno. Y quizá podría ser más tiempo si consideramos que los científicos han estimado que las líneas evolutivas de los seres humanos y de los chimpancés se separaron hace 5 a 7 millones de años. A partir de esta separación, la estirpe humana continuó ramificándose, originando nuevas especies, todas extintas actualmente a excepción del Homo sapiens.

La separación de la línea evolutiva de los homínidos y su posterior proceso evolutivo hasta llegar al Homo sapiens fue posible gracias a un cambio sustancial en la **cerebración y en la corticalización**. La cerebración es el conjunto de todos los actos y procesos de la actividad total del cerebro, sea consciente o inconsciente. Y la corticalización es el paso evolutivo hacia los centros superiores corticales de las funciones pertenecientes a los centros paleocefálicos en los mamíferos más primitivos. De esta forma, **la evolución del cerebro permitió alcanzar el estrato superior del pensamiento inteligente.**

Es probable que la cerebración y la corticalización como fenómenos biológicos se hayan presentado en las especies anteriores a los homínidos, pero en estos y particularmente en el Homo sapiens alcanzó un desarrollo más acelerado al punto de convertir la cantidad en calidad. Esto es, **el mayor volumen del cerebro dio lugar a un cambio cualitativo en el funcionamiento del cerebro** hasta alcanzar un estrato superior en la forma de pensar.

En el Homo sapiens el volumen del cerebro oscila entre los 1,200 y los 1,400 cm3, siendo el promedio de 1,350 cm3. Sin embargo, **no basta un incremento del volumen, sino cómo se disponen, integran y funcionan las diferentes partes del cerebro.** Es decir, cómo está dispuesta la "estructura" del sistema nervioso central y del cerebro en particular. Por término medio, los Homo neanderthalensis pudieron haber tenido un cerebro de mayor tamaño que el de nuestra especie, pero la morfología de su cráneo demuestra que la estructura cerebral era muy diferente: con escasa frente, tenían poco desarrollados los lóbulos frontales y, en especial, muy poco desarrollada la corteza prefrontal. El cráneo del Homo sapiens no sólo tiene una frente prominente sino que es también más alto en el occipucio (cráneo muy abovedado), esto permite el desarrollo de los lóbulos frontales. De todos los mamíferos, el Homo sapiens es el único que tiene la faz ubicada bajo los lóbulos frontales.

Es probable que los sujetos de la especie Homo sapiens que habitaron la Tierra hace cosa de 300,000 años hayan tenido ya un cerebro con un volumen de 1,350 cm3 pero no tenían todavía la capacidad de pensar o alcanzar manifestaciones intelectuales sofisticadas como escribir, pintar o hablar. Podríamos decir que tenían la capacidad física para desarrollar un pensamiento y expresarlo mediante un dibujo, pero no tenían la chispa del entendimiento para hacerlo. Sería necesario que transcurrieran miles de años para que la cantidad de cerebro que ya tenían alcanzara la calidad de pensamiento que llegó a manifestarse más adelante. El primer registro de conducta artística conocido data de hace sólo unos 75,000 años, los primeros grafismos y expresiones netamente simbólicas fuera del lenguaje hablado datan de hace 40,000 y 35,000 años. Las primeras escrituras se produjeron hace apenas 5,500 años, en el Valle del Nilo y en la Mesopotamia.

Podemos afirmar que en el proceso evolutivo del Homo sapiens primero se desarrolló el cerebro y después el pensamiento. Primero la capacidad física y después la intelectual. Primero el hardware y después el software. Para alcanzar el volumen y cerebración del Homo sapiens fue necesario un proceso evolutivo de millones de años. Probablemente cinco o siete millones de años. Para desarrollar la capacidad intelectual y el pensamiento inteligente fue necesario un periodo aproximado a 130,000 años una vez que el cerebro alcanzó las características físicas para pensar.

En este punto resulta conveniente echar un vistazo hacia el pasado para ver a grandes pasos el desarrollo del hombre a partir de la creación del Universo hace 13,700 millones de años. A partir del Big Bang transcurrieron aproximadamente 9,000 millones de años para que se formara el Planeta Tierra. Una vez que existía la Tierra tuvieron que transcurrir alrededor de 3,000 millones de años para que aparecieran las primeras células vivas con capacidad de reproducirse. Después transcurrió un periodo de 1,640 millones de años para que surgieran los primates. Y 60 millones de años después surgieron los homínidos, nuestros ancestros que dieron origen seis millones de años después al Homo sapiens y 300,000 años más tarde al hombre moderno, al ser humano capaz de inventar, aprender y utilizar estructuras lingüísticas, lógicas, matemáticas, escritura, música, ciencia y tecnología.

Del recorrido que hemos hecho a vuelo de pájaro de la historia del hombre resalta de inmediato que los pasos entre una etapa y otra se van haciendo más y más cortos. Primero 9,000 millones de años, luego 3,000 millones, la siguiente etapa 1,640 millones y la que sigue solamente 60 millones de años y el Homo sapiens surge apenas 6 millones de años después. Pero el último gran cambio para llegar al hombre moderno se da solamente 300,000 años después. Reflexionemos por un momento. Miremos a nuestro alrededor y veamos hace cuánto tiempo se inventó la electricidad, la radio, el teléfono, el automóvil, la televisión, el avión, la computadora, Internet y todos los nuevos "gadgets" que utilizamos. Con esta extrema velocidad del cambio tecnológico podríamos preguntarnos ¿Cuánto tiempo habrá de transcurrir para que el hombre pueda crear un ente con Inteligencia Artificial?

El cerebro del ser humano

El cerebro es el centro del sistema nervioso. Es el órgano más complejo del cuerpo humano y realiza importantes funciones vitales. Se encuentra protegido por el cráneo y tiene la misma estructura general que el cerebro de otros mamíferos, pero es tres veces mayor con un tamaño corporal equivalente. La mayor parte la constituye la corteza cerebral, una capa de tejido neuronal plegado que cubre su superficie. Especialmente amplios son los lóbulos frontales que están asociados con funciones ejecutivas tales como el autocontrol, la planificación, el razonamiento y el pensamiento abstracto. La parte del cerebro asociada a la visión es de mayor tamaño en los seres humanos. El cerebro se encarga tanto de regular y mantener las funciones del cuerpo como de ser el órgano donde reside la mente y la conciencia del individuo.

La evolución del cerebro de los primates hasta los homínidos se caracteriza por un aumento constante en la encefalización o sea la relación del cerebro con el tamaño corporal. Se ha estimado que **el cerebro humano contiene de 50 a 100 mil millones de neuronas**, de las cuales cerca de 10 mil millones son células piramidales corticales. Estas células transmiten las señales a través de hasta 1,000 billones de conexiones sinápticas.

El cerebro de un adulto pesa en promedio alrededor de 1,5 kg, con un volumen promedio de 1,130 centímetros cúbicos en mujeres y 1,260 en hombres, aunque puede haber individuos con variaciones importantes. Los hombres con igual altura y superficie corporal que las mujeres tienen en promedio un cerebro 100 gramos más pesado que el de las mujeres, aunque estas diferencias no se relacionan de ninguna forma con el número de neuronas de materia gris o con las medidas generales del sistema cognitivo. El cerebro es muy blando, presentando una consistencia similar a la gelatina. A pesar de ser conocida como «materia gris», la corteza es de un color beige rosado y de color ligeramente blanquecino en el interior. A la edad de 20 años un hombre tiene alrededor de 176,000 km de axones mielinizados en su cerebro y una mujer cerca de 149,000 km.

La comparación entre una computadora y el cerebro del ser humano alcanzó popularidad durante los primeros 30 años de la existencia de las computadoras. Esto es, durante las décadas de los 50's, 60's y 70's. Incluso, el primer nombre con el que se conoció a las primeras grandes computadoras fue el de **cerebro electrónico**. Tratar de comparar una computadora con el cerebro humano es como tratar de comparar peras contra manzanas. Son dos cosas diferentes... hasta ahora. Para avanzar en el terreno de la Informática y en particular en el campo de la Inteligencia Artificial resulta más conveniente resaltar las diferencias entre la computadora y el cerebro y a partir de esta información aprovechar mejor el conocimiento del cerebro para avanzar en el campo de la Inteligencia Artificial. También es importante distinguir entre el hardware y el software de la computadora y del cerebro humano.

Es importante mencionar que esta comparación se hace tomando en cuenta el cerebro del ser humano y la computadora digital que trabaja con bits y bytes. Si la comparación se hace tomando como referencia la computadora cuántica o alguna otra máquina sería necesario tomar en cuenta otros parámetros.

Estas son las diferencias entre el cerebro humano y la computadora:

➢ La computadora ejecuta las instrucciones del software de acuerdo con el algoritmo diseñado por el programador. El cerebro se comporta de manera libre utilizando el razonamiento, el sentido común, los sentimientos, los recuerdos y las emociones.

➢ El concepto de computadora incluye el hardware y el software que son dos entidades que se pueden separar con facilidad, de tal manera que en el hardware se puede almacenar y ejecutar un software y posteriormente cambiarlo por otro. En el cerebro esto no es posible porque la mente forma parte intrínseca del cerebro.

> La computadora se encuentra en constante evolución. La capacidad, velocidad y sofisticación del hardware y el software aumentan cada día. El cerebro del ser humano es prácticamente el mismo desde hace 300,000 años.

> El funcionamiento del cerebro es analógico y el de la computadora es digital.

> La computadora tiene un reloj de sistema. La velocidad de procesamiento de información en el cerebro no es fija.

> La computadora accesa la información mediante la dirección exacta en que se encuentra. El cerebro tiene una memoria de contenido direccionable; es decir, a través de conceptos cercanos.

> La capacidad de memoria de la computadora es fija y conocida pero puede aumentar si se le agregan módulos de memoria. La capacidad de memoria del cerebro es elástica y varía según la persona, su edad, su salud, su alimentación, su actividad y otros factores.

> La computadora es en sí misma un todo que funciona atendiendo a las características de su hardware y su software. El cerebro forma parte de un cuerpo humano y sus funciones están completamente integradas y dependientes de todo el cuerpo. Y podríamos extender esta observación para afirmar que el cerebro está ligado al funcionamiento de otras personas, del medio que lo rodea, del Universo todo y aun de su genética y de su historia.

> La capacidad del cerebro es actualmente mucho más grande que la de una computadora. Paul Reber, profesor de psicología de la Universidad Northwestern ha hecho un cálculo de la capacidad de memoria del cerebro y ha llegado a esta conclusión publicada en la prestigiosa revista ScientificAmerican: "Si cada neurona sólo pudiera almacenar un solo recuerdo, la falta de espacio sería un grave problema. Así es posible que tenga sólo unos pocos gigabytes de espacio de almacenamiento, similar al de un iPod o una unidad flash USB. Sin embargo, las neuronas se combinan para que cada una contribuya con muchos recuerdos a la vez, aumentando exponencialmente la capacidad de almacenamiento del cerebro hasta unos 2,5

petabytes (225, 000, 000, 000, 000,000). Si su cerebro funcionara como un grabador de vídeo digital en un televisor, 2.5 petabytes serían suficientes para grabar 3 millones de horas de programas de televisión. Para ello deberíamos dejar el televisor en funcionamiento continuo durante más de 300 años".

➢ Los modelos biológicos del cerebro tendrían que incluir unos 225, 000, 000, 000, 000,000 (225 mil billones) de interacciones entre tipos de células, neuro-transmisores, neuro-moduladores, ramas axonales y espinas dendríticas más 1 billón de células gliales que pueden o no ser importantes para el procesamiento de la información neural. Porque el cerebro es no-lineal, y porque es mucho más grande que todas las computadoras actuales, parece probable que funcione de un modo totalmente diferente. La metáfora cerebro-computadora oscurece esta importante, aunque quizás obvia, diferencia en potencia computacional.

➢ El ser humano conoce con precisión el funcionamiento de la computadora pero no conoce a ciencia cierta su propio cerebro. Esta gran diferencia permite que el ser humano pueda hacer crecer la capacidad del hardware y también pueda producir software cada vez más sofisticado y poderoso. Y de hecho esto es algo que ha estado haciendo desde hace cosa de 70 años. Si consideramos que el cerebro del ser humano se tomó varios millones de años para llegar en un proceso evolutivo al punto en que se encuentra, setenta años es prácticamente nada. Así que podríamos preguntarnos ¿Hasta dónde podría llegar la capacidad de la computadora? ¿Podría ser suficiente para alcanzar un funcionamiento equivalente al de la inteligencia del ser humano? O ¿quizá la Inteligencia Artificial podría llegar más allá?

El origen de la inteligencia en el ser humano

Para el desarrollo del tema central de este libro resulta conveniente recordar la definición de inteligencia y algunos otros conceptos. Tomaremos como base el diccionario de la Real Academia de la Lengua Española y la Wikipedia.

El Diccionario de la lengua española de la Real Academia Española define la inteligencia como la «capacidad para entender o comprender» y también como la «capacidad para resolver problemas».

De acuerdo con la Wikipedia la inteligencia (del latín, intelligentia) es la capacidad de pensar, entender, razonar, asimilar, elaborar información y emplear el uso de la lógica.

Inteligencia es una palabra compuesta por otros dos términos: intus ("entre") y legere ("escoger"). Por lo tanto, el origen etimológico del concepto de inteligencia hace referencia a quien sabe elegir: la inteligencia posibilita la selección de las alternativas más convenientes para la resolución de un problema. De acuerdo a lo descrito en la etimología, un individuo es inteligente cuando es capaz de escoger la mejor opción entre las que se presentan para resolver un problema.

El debate sobre cómo se originó la inteligencia en el ser humano no ha llegado a su fin y las conclusiones a las que se ha llegado no han generado un acuerdo que satisfaga a todas las partes. No hay un acuerdo general de cómo es que el hombre llegó a ser inteligente. Quienes siguen defendiendo la teoría creacionista afirman que **la inteligencia en el ser humano es un regalo de los dioses que lo convierte en el ser supremo sobre la Tierra.** Quienes defienden la teoría evolucionista sostienen que fueron las condiciones del clima, suelo, alimentación y otros condicionantes los que influyeron para que, a lo largo de un proceso de evolución que duró millones de años, el ser humano viera crecer su cerebro y con ello facilitara la generación de ideas hasta llegar a ser inteligente. Entre los defensores de esta teoría se encuentra Juan Luis Arsuaga, el afamado codirector de los yacimientos burgaleses de Atapuerca, España, quien afirma que ha sido un cambio en la dieta de los homínidos, introduciendo el consumo relativamente abundante de carne, lo que habría dado lugar a cerebros más grandes en los que habría podido empezar a emerger la inteligencia. Los individuos con cerebros relativamente grandes tendrían la inteligencia mínima para ser los primeros en fabricar herramientas con las que romper las cañas de los huesos para poder acceder al tuétano, en donde se hallan los nutrientes más energéticos. De este modo una alimentación rica en grasas animales y en proteínas permitiría un aumento progresivo del volumen cerebral. Y con dicho incremento un desarrollo progresivo de la inteligencia.

Juan Luis Arsuaga e Ignacio Martínez, ganadores del premio Príncipe de Asturias, nos ofrecen en su libro "La especie elegida" la mejor y más documentada síntesis acerca del enigma del hombre. Un libro para leerse despacio y sorprenderse al conocer los detalles de la evolución de los homínidos hasta llegar al Homo sapiens. Juan Luis Arsuaga es un paleoantropólogo español. Es doctor en Ciencias Biológicas por la Universidad Complutense de Madrid y catedrático de Paleontología en la Facultad de Ciencias Geológicas de esta misma universidad. Desde julio de 2013 es director científico del Museo de la Evolución Humana en la señorial ciudad de Burgos, España. En las páginas de su libro afirma: "…tantos siglos de ciencia nos han llevado a saber que… cualquiera de nuestros antepasados que pintaron los bisontes de Altamira conocía que la Tierra no pertenece al hombre, sino que el hombre pertenece a la Tierra".

Y así tenemos que, de acuerdo con la teoría de la evolución de Darwin, el ser humano no es una especie elegida por los dioses para establecer su reinado en la Tierra. Como tampoco la inteligencia es una cualidad únicamente humana porque en mayor o menor medida todos los seres vivos la tienen, basada en las hormonas, visceralidad, el sistema nervioso periférico o el central, incluso con zonas específicas del sistema nervioso central para procesos concretos. Muchos animales tienen signos claros de inteligencia instintiva, e incluso pueden lograr algunas etapas racionales primarias bajo entrenamiento. Algunos casos de animales domésticos que se antropizan pueden llegar a adquirir algunos rasgos de inteligencia racional.

La naturaleza nos muestra que la inteligencia es una cuestión de grado; podemos encontrar rasgos inteligentes en aquellas situaciones donde el ecosistema alberga sistemas biológicos capaces de ahorrar energía frente a otras alternativas más costosas. El hecho de encontrar el camino más corto entre dos puntos, es una muestra de que se está aplicando algún tipo de lógica, cuyo procesamiento da evidencias de un grado de inteligencia. La inteligencia, pues, no es privativa del ser humano, aunque eso sí, el género humano tiene una inteligencia superlativa en comparación con todas las demás especies del reino animal. Cuando Arsuaga afirma que: "los seres humanos nos caracterizamos por poseer una inteligencia mucho más desarrollada que el resto de los animales" coincide con Darwin, quien opinaba que los animales también tienen inteligencia, siendo la diferencia entre la inteligencia de estos y la de los humanos una cuestión de grado, pero no de esencia. Científicos japoneses han encontrado organismos unicelulares (Physarum Polycephalum) con múltiples núcleos que son capaces de encontrar el camino más corto en un laberinto. Si la inteligencia humana no es una cualidad exclusiva del género humano ¿Porque no podríamos aceptar que una computadora o un robot pueden tener un cierto grado de inteligencia?

Diferentes tipos de inteligencia

Uno de los mejores tratados sobre la inteligencia es el de **Howard Gardner**, un psicólogo, investigador y profesor de la Universidad de Harvard, conocido en el ámbito científico por sus investigaciones en el análisis de las capacidades cognitivas y por haber formulado la teoría de las inteligencias múltiples, la que lo hizo acreedor al Premio Príncipe de Asturias de Ciencias Sociales. Gardner nació en Scranton, Estados Unidos el 11 de julio 1943. En 1983 presentó su teoría en el libro "Frames of Mind: The Theory of Multiple Intelligences" en el que asegura que la inteligencia puede entenderse como el potencial de cada individuo que puede advertirse e incrementarse a través de diversos procedimientos, pero que resulta imposible de cuantificar. A su vez explica los distintos tipos de inteligencia que existen; estos son:

- **Inteligencia Lógica.** Es empleada para resolver problemas de lógica y matemáticas. Es la capacidad para utilizar números de manera precisa y de razonar correctamente. La inteligencia que suele corresponder a científicos, matemáticos, ingenieros y aquellos que emplean el razonamiento y la deducción, (trabajar con conceptos abstractos, elaborar experimentos). Utilizan especialmente el hemisferio derecho.

- **Inteligencia Lingüística.** En la teoría de las inteligencias múltiples de Gardner se llama inteligencia lingüística a la habilidad para emplear las palabras de manera oral o escrita de manera efectiva. Un nivel destacado de esta inteligencia se observa en escritores, periodistas, comunicadores, estudiantes con habilidades para aprender idiomas, escribir historias, leer, etc. Utilizan ambos hemisferios.

- **Inteligencia Corporal.** La inteligencia corporal corresponde con aquella que utiliza todo el cuerpo para expresar ideas y sentimientos y la habilidad en el uso de las manos para transformar objetos. Las capacidades de equilibrio, flexibilidad, velocidad, coordinación, como también la habilidad cinestésica o la percepción de medidas y volúmenes. Atletas, artesanos, bailarines y escultores son los más representativos de esta inteligencia.

- **Inteligencia Musical.** Es la inteligencia que percibe, transforma y define la música y sus formas. La sensibilidad, el ritmo, tono y timbre se asocian a este tipo. La inteligencia musical se encuentra presente en compositores, directores de orquesta, músicos, etc. Personas que se sienten atraídas por sonidos de la naturaleza o melodías y que acompañan el compás, golpeando o sacudiendo algún objeto rítmicamente con el pie o mano. Los

- Encontramos dirigiendo una orquesta o tocando un instrumento.

- **Inteligencia Espacial.** Es la habilidad para pensar en tres dimensiones. Una capacidad que nos posibilita para percibir imágenes externas, internas, transformarlas o modificarlas y producir o decodificar información gráfica. Pilotos, pintores, marinos y arquitectos son un claro ejemplo. Sujetos a quienes les gusta realizar mapas, cuadros, dibujos y esquemas

- **Inteligencia Naturalista**. Es la capacidad de diferenciar, clasificar, y emplear el medio ambiente. Objetos, animales o plantas (tanto en ambiente urbano como rural). Habilidades de observación, reflexión y planteamientos sobre nuestro entorno. La posee la gente de campo, botánicos, cazadores, ecologistas. Se observa en gente que ama las plantas y animales.
- **La inteligencia interpersonal**. Es la que lleva implícita la capacidad de empatizar con los demás, ya que nos permite entenderlos. Adoptando una sensibilidad especial para comprender las expresiones faciales (voz, gestos, postura), y la habilidad para responder. Presente en políticos, vendedores y docentes.
- **Inteligencia Intrapersonal**. Es la inteligencia para construir una valoración exacta respecto de sí mismo y la capacidad para dirigir su propia vida. Incluye la reflexión, la auto-comprensión y la auto-estima. Se aprecia en teólogos, psicólogos, sociólogos y filósofos, entre otros. La inteligencia intrapersonal nos permite entender cuáles son nuestras necesidades y características, cuáles son nuestros sentimientos y cómo nos encontramos.

La teoría de las inteligencias múltiples de Gardner considera que todos los seres humanos poseen las ocho inteligencias en mayor o menor medida, pero aclara que no hay estilos puros. Es una visión pluralista, donde la inteligencia es una habilidad cambiante a lo largo de la vida. Gardner, apoyado en su teoría de las inteligencias múltiples, sostiene que la enseñanza tendría que permitir orientar a los alumnos en función de la capacidad y estilo de inteligencia que más domina.

EL CORTO CAMINO DE LA COMPUTADORA

Aun cuando las primeras ideas sobre la computadora (La Máquina Analítica de Charles Babbage) y el software (La idea genial de Ada Lovelace para programar la Máquina Analítica) surgieron en Londres a mediados del siglo XIX, los elementos para la generación de la Inteligencia Artificial se producen cien años después; esto es, en la segunda mitad del siglo XX. Estos componentes son básicamente el microprocesador y el software que sumados crean la computadora.

Casi al mismo tiempo Alemania, Inglaterra y los Estados Unidos enfocan su esfuerzo tecnológico en la construcción de máquinas para ejecutar cálculos complicados para descifrar los códigos del enemigo y mejorar su armamento bélico. Es la Segunda Guerra Mundial la que impulsa la carrera tecnológica para apoyar al ejército y producir mejores armas para vencer al enemigo.

El Microprocesador

La Historia registra que Tales de Mileto fue el primer científico en reconocer la existencia de la energía eléctrica en la naturaleza, pero cuando Charles Babbage trató de hacer funcionar su Máquina Analítica no existía la electricidad como energía disponible para impulsar el funcionamiento de las máquinas y menos todavía el conocimiento de la electrónica. Las máquinas utilizaban la fuerza del agua, del viento, del hombre mismo y algunas que ya se adelantaban a su época aprovechaban la enorme fuerza del vapor.

Cien años después, cuando se inventaron las primeras computadoras, ya se utilizaba la electricidad como la fuerza para mover máquinas y motores. La electrónica empezaba a utilizarse. Las computadoras, los teléfonos, los radios, las televisiones y los aparatos de comunicación que funcionaban electrónicamente utilizaban como elemento básico la válvula electrónica conocida también como tubo al vacío o bulbo. Un pequeño elemento del tamaño de un foco incandescente que tenía varias desventajas que dificultaban su operación: consumía una gran cantidad de energía eléctrica, generaba demasiado calor, se fundía fácilmente, ocupaba mucho espacio y su costo de producción era demasiado alto. El avance de la electrónica y la construcción de computadoras más rápidas y eficientes requerían con urgencia otro tipo de elemento que pudiera abatir estas deficiencias.

La compañía Bell Laboratories se dio a la tarea de producir un componente electrónico para sustituir a la válvula electrónica. Integró un grupo de investigación formado por **William Shokley, John Bardeen y Walter Brattain**. Su atención se concentró en el estudio de los semiconductores y, de manera particular, en el comportamiento del silicio y el germanio; un material semiconductor que se encuentra situado en un punto intermedio entre un elemento conductor de electricidad, como el cobre, y un aislante o material que impide el flujo de corriente eléctrica como la cerámica o la madera. Al someter al elemento conductor a un determinado voltaje puede cambiar su estado de conductor a no conductor, o viceversa, actuando de este modo como un interruptor de activación eléctrica.

El trabajo de investigación requirió de un sostenido esfuerzo intelectual durante algo más de dos años al cabo de los cuales, en diciembre de 1947, Bardeen y Brattain lograron producir **el transistor de punta** que consistía básicamente en un cristal de germanio cuya superficie estaba en contacto con dos electrodos puntiagudos y distantes entre sí 0.05 mm. No obstante su adelanto, este modelo carecía de estabilidad y su potencia era muy débil, razón por la cual no fue fabricado en serie y sólo sirvió como punto de partida para nuevas investigaciones. **En 1951 Shokley logró producir el transistor de unión** que tenía importantes ventajas, promoviéndose entonces su fabricación a gran escala.

Los transistores son componentes discretos que se producen en una sola unidad y que después se sueldan en un circuito impreso para interconectarse con otros transistores y componentes discretos. Su rendimiento energético es considerablemente más elevado que el de la válvula electrónica ya que en ésta, la potencia de alimentación se disipa en el calentamiento de los cátodos, produciendo una generación de calor que afecta su funcionamiento. Su desgaste es mínimo, por lo que puede durar en operación un promedio de 100,000 horas contra las 2,000 que dura como máximo una válvula electrónica.

La industria de las computadoras vio con mucho interés el transistor y lo aprovechó para construir nuevas y más eficientes máquinas. Las primeras computadoras que se fabricaron con transistores fueron introducidas por UNIVAC y Philco. Las ventajas que se obtenían eran enormes ya que las computadoras fabricadas con transistores podían tener mayor capacidad, menor tamaño, mayor duración, menos fallas y de manera importante, un costo menor.

Tomando como base el transistor, varios científicos en los Estados Unidos e Inglaterra iniciaron estudios para hacer más confiable y eficaz su utilización. El primero en darle forma, escribirla y presentarla fue **Geoffrey Dummer**, quien trabajaba en el servicio del radar del gobierno británico. En una conferencia de corte internacional celebrada en Washington, Dummer presentó un documento en el que expresaba su convicción de que, con la invención del transistor, sería posible armar en una sola pieza un conjunto de componentes electrónicos sin tener que conectarlos mediante alambres. Su idea era ciertamente genial y constituía la **primera expresión del concepto del circuito integrado,** pero aun la distancia entre las palabras y los hechos parecía un abismo insalvable.

Jack Kilby fue quien le puso el cascabel al gato. El problema que tenía que resolver era producir todos los componentes electrónicos con un elemento semiconductor, aislar los componentes de modo que no se produjera un cortocircuito y conectar los componentes sin utilizar alambres. Lo resolvió tomando el silicio como base. Luego cubrió una sección del CI con una delgada capa de dióxido de silicio que actuara como aislante. Agregó un punto de aluminio sobre el óxido para obtener de esta manera los capacitores en tanto que las resistencias y los transistores los construyó directamente sobre la capa de silicio. El problema del aislamiento lo resolvió dando una forma de "U" o de "L" a los conjuntos de componentes para separarlos entre sí. Finalmente, la conexión de los elementos la resolvió soldando las terminales a fin de evitar que las conexiones pudieran separarse con las vibraciones. La creación de Kilby permitió hacer realidad la idea de un circuito que pudiera integrar varios componentes en una sola pieza. **Jack Kilby había inventado el circuito integrado.**

Después vendría el genio de **Robert Noyce** quien mejoró la técnica para producir el circuito integrado, agregar más componentes electrónicos en una sola pieza, darle mayor seguridad en su funcionamiento y producirlo en escala industrial para hacerlo disponible a la industria de fabricación de computadoras y muchos aparatos más. El proceso de fabricación de circuitos integrados se perfeccionó hasta un grado que permitió abatir su costo y hacerlo accesible a la industria electrónica que para entonces ya estaba preparada para recibirlo y aplicarlo en la producción de una amplia variedad de artículos. El gobierno de los Estados Unidos adquirió miles de circuitos integrados para fabricar armamento bélico de alta sofisticación y para usarlo en la producción de dispositivos que ha requerido el proyecto de conquista del espacio. La industria de las computadoras ha sido una de las que más han aprovechado el circuito integrado para convertirlo en microprocesadores que han transformado radicalmente la capacidad de las máquinas iniciando una nueva etapa en la historia de la computación.

Noyce fundó en 1968 en compañía de sus amigos y socios la empresa Intel para producir circuitos integrados y componentes electrónicos. Intel es actualmente una de las empresas más importantes del mundo en el campo de la tecnología. En el año 2018 registró 104,000 empleados permanentes y un valor de capitalización en el stock market de $250,000 millones de dólares. Intel no es la única empresa que produce circuitos integrados, pero es la líder en este campo. La investigación y desarrollo de nuevos productos le ha permitido llevar la producción de circuitos integrados a una escala que rebasa la imaginación en cuanto al número y capacidad de procesamiento de información. La potencia del circuito integrado es un elemento básico para hacer realidad la Inteligencia Artificial y llevarla a estratos superiores.

Marcian Hoff, un ingeniero que trabajaba en la compañía Intel se preguntó en alguna ocasión ¿Porque no aprovechar los componentes electrónicos del circuito integrado y poner un procesador central en un chip; esto es, en un solo circuito integrado? Una pregunta que le llevó a una idea brillante, una idea que al hacerla realidad habría de revolucionar el mundo de la electrónica, de la computación y prácticamente de todas las actividades del ser humano. **Un procesador construido en un solo chip.** Un procesador que fuera capaz de ejecutar cualquier procedimiento lógico a fin de convertir el circuito integrado en un chip programable de propósito general y con capacidad de realizar cualquier proceso de información. Con un solo chip que actuara como procesador una calculadora podría ejecutar diversas funciones de procesamiento de información, entrada/salida de datos y todo lo que fuera necesario. Este mismo procesador podría funcionar para un robot, una lavadora, un avión, un submarino...o una ¡computadora! **Marcian Hoff había inventado el microprocesador.**

A partir de entonces la compañía Intel ha mantenido el liderazgo en la producción de microprocesadores. El primero fue el ya histórico microprocesador 4004. Este chip de 4 bits impulsó la tecnología de la computación y sirvió de base para que nuevos y más avanzados productos permitieran la producción de la famosa **computadora personal Altair y luego la Apple.** Se espera que Intel lance al mercado los primeros procesadores de 10 nanómetros de la familia Cannonlake en el año 2019. Para 2021 se espera la familia Icelake y la última de este grupo será la Tigerlake que aparecerá en 2023. Una vez concluido este ciclo se espera un nivel más alto con microprocesadores en 2025. Esta mayor capacidad facilitará el desarrollo de la Inteligencia Artificial.

La producción de microprocesadores constituye en la actualidad una de las líneas estratégicas en la industria de alta tecnología. Su aplicación se ha extendido a una creciente cantidad de productos que en el presente funcionan mediante software sofisticado que está revolucionando incluso a la industria tradicional. Un ejemplo es la industria automotriz que durante varios años permaneció sin innovaciones de importancia y ahora se transforma con la utilización de computadoras integradas a la mayor parte de sus sistemas. Los Estados Unidos se mantienen como líderes en la producción de microprocesadores pero otros países le siguen la huella. Entre ellos destaca China que ha impulsado con fuerza su programa de tecnología.

Software

Las primeras ideas del software surgieron en la mente de **Ada Lovelace** cuando expresó en sus notas sobre la Máquina de Charles Babbage **"Podemos decir que la Máquina Analítica teje modelos algebraicos como los telares de Jacquard tejen flores y hojas".** Ada Lovelace no escribió un programa ejecutable en una computadora, pero concibió la idea del software, el alma de la computadora, y por ello se la considera como la primera programadora en la historia de la humanidad.

Habrían de pasar casi 100 años para que otra mujer, **Adele Goldstine**, escribiera el primer programa que se ejecutó en una computadora. El 15 de febrero de 1946 la computadora ENIAC ejecutó varios programas escritos por Adele para realizar las siguientes operaciones:

✓ 5,000 sumas para ejecutarse en un segundo
✓ 500 multiplicaciones para ejecutarse en un segundo
✓ Generación de números elevados al cuadrado y al cubo.
✓ Generación de una tabla de senos y cosenos.
✓ Ejecución de un problema especial denominado E-2 como ejemplo de un cálculo largo y complicado.

La ejecución de los programas fue impecable y, a partir de entonces, la fama de la **computadora ENIAC** se esparció por todo el mundo. Es importante considerar que estos programas no se encontraban almacenados en la máquina porque en ese tiempo la ENIAC no tenía la capacidad para hacerlo; era necesario introducirlos en la memoria por medio de switches que se operaban en el tablero de instrumentos de la máquina. Con la valiosa aportación de von Neumann la ENIAC mejoró su diseño y en 1948 tuvo la capacidad de ejecutar un programa almacenado.

A partir de entonces las computadoras crecieron en capacidad, velocidad, precisión, ahorro de energía, menor espacio y también menor costo. Aun cuando no hizo su despegue en el mismo tiempo, el software también empezó una evolución que lo llevaría en el curso de algunas décadas a convertirse en el principal motor del avance de la computación y de la Inteligencia Artificial.

En 1954 el lenguaje de programación **FORTRAN (FORmula TRANslation)** marca el fin de la primera etapa del software y el principio de la programación metódica y eficiente para hacer funcionar un creciente número de computadoras que se instalaban en las oficinas de gobierno, las universidades y las empresas. El primer diseño de FORTRAN se terminó en noviembre de 1954 y se dio a conocer mediante un documento mecanografiado y diversas conferencias dirigidas principalmente a los usuarios de la computadora IBM 704. Al principio fue recibido con escepticismo por parte de los grandes maestros de la computación, pero poco a poco fue aceptado hasta ser el principal compilador para aplicaciones de tipo científico. **John Backus, autor de FORTRAN**, describe así la época romántica del software "La programación en el principio de los años cincuenta era un arte misterioso, una actividad privada que involucraba únicamente un programador, un problema, una computadora y tal vez una pequeña biblioteca de subrutinas y un primitivo lenguaje ensamblador".

Los lenguajes de programación han evolucionado hasta convertirse en herramientas sofisticadas para producir programas de aplicación que poco a poco van controlando las actividades del quehacer de la sociedad. Algunos se han especializado y así tenemos lenguajes para diseño, administración de empresas, cálculos científicos, arte, dibujo, diseño y muchos más. Si bien las aplicaciones para Inteligencia Artificial se pueden desarrollar en diferentes lenguajes, hay algunos que se están convirtiendo en los favoritos de los programadores de este interesante y creciente campo de la Informática. Estos son algunos de ellos:

LISP John McCarthy, uno de los fundadores de la Inteligencia Artificial, formó un grupo pionero en el estudio de la IA en el Instituto Tecnológico de Massachusetts y decidió desarrollar un lenguaje de programación que se adaptara a sus necesidades de manejo de información, ya que los lenguajes disponibles en ese tiempo no se adecuaban al medio ambiente de la metodología de su trabajo. McCarthy inició el proyecto en 1959 con el objetivo de facilitar los experimentos con un sistema denominado Receptor de Información en el que una máquina podía ser instruida para manejar frases declarativas e imperativas y podía mostrar un cierto "sentido común" en el cumplimiento de las instrucciones recibidas. El principal requisito era un sistema de programación para manejar expresiones que representaran frases declarativas o imperativas de tal manera que el receptor de información pudiera hacer deducciones. En el curso de su desarrollo el lenguaje LISP atravesó por varias etapas de simplificación y finalmente llegó a estar basado en un esquema para representar las funciones recursivas parciales de una clase de expresiones simbólicas. **Fue así como nació LISP y se orientó hacia la Inteligencia Artificial.**

El proyecto fue realizado originalmente para la computadora IBM 704. En marzo de 1960 se publicó el primer manual de LISP. Al producirse la nueva versión de la computadora IBM con el modelo 709 se abrió una nueva posibilidad para mejorarlo y se crearon nuevas versiones que culminaron con el LISP-2 que superó sustancialmente a la versión original sobre todo en lo que se refiere a la notación utilizada y al manejo de entrada y salida de datos. LISP se orientó al manejo de expresiones simbólicas y listas de objetos. Su nombre refleja este objetivo: LISt Processor. Sin embargo, sus aplicaciones se ampliaron notablemente, rebasando el área para el que fue diseñado. Algunos de los mejores programas para jugar ajedrez han sido producidos en LISP.

Este lenguaje utiliza con profusión los paréntesis y para quien no maneja habitualmente expresiones algebraicas resulta fácil perderse al momento de formar los pares de paréntesis que separan cada operando. El grado de dificultad para aprenderlo cae en dos extremos: es difícil para quien no está acostumbrado a manejar expresiones simbólicas con paréntesis y fácil e incluso agradable para quien maneja esta forma de notación.

LISP ha cambiado mucho desde sus comienzos y se han desarrollado varios dialectos en su historia. Durante los años 1980 y 1990 se hizo un gran esfuerzo para unificar los numerosos dialectos del LISP en un solo lenguaje (Principalmente InterLISP, MacLISP, ZetaLISP, MetaLISP, y FranzLISP). El nuevo lenguaje, Common LISP fue esencialmente un subconjunto compatible de los dialectos que reemplazó. En 1994, la ANSI publicó el estándar del Common LISP, "ANSI X3.226-1994 Information Technology Programming Language Common LISP". En aquel momento el mercado mundial para el LISP era mucho más pequeño de lo que es hoy. Habiendo declinado algo en los años 1990, LISP experimentó un nuevo crecimiento a partir del año 2,000. Muchos nuevos programadores LISP fueron inspirados por algunos escritores como Paul Graham y Eric S. Raymond luchando por un lenguaje que otros consideran anticuado. Los nuevos programadores de LISP frecuentemente describen el lenguaje como una experiencia que abre los ojos y una aclamación de ser substancialmente más productivo que otros lenguajes

PROLOG Es un lenguaje de programación desarrollado a principios de los años 70 en la Universidad de Aix-Marseille I (Marsella, Francia) por los profesores Alain Colmerauer y Philippe Roussel. El nombre del lenguaje PROLOG proviene del francés **PROgrammation en LOGique**. Nació de un proyecto que no tenía como objetivo la implementación de un lenguaje de programación, sino el procesamiento de lenguajes naturales. Alain Colmerauer y Robert Pasero trabajaban en la parte del procesado del lenguaje natural y Jean Trudel y Philippe Roussel en la parte de la deducción e inferencia del sistema. Interesado por el método de resolución SL, Trudel persuadió a Robert Kowalski para que se uniera al proyecto, dando lugar a una versión preliminar de PROLOG a finales de 1971. Esta primera versión fue programada en ALGOL W. La versión definitiva se dio a conocer en 1972.

Inicialmente se trataba de un lenguaje totalmente interpretado hasta que, en 1983, David H.D. Warren desarrolló un compilador capaz de traducir PROLOG en un conjunto de instrucciones de una máquina abstracta denominada Warren Abstract Machine, conocida como WAM. Desde entonces, PROLOG es un lenguaje semi-interpretado. Si bien en un principio se trataba de un lenguaje de uso reducido, la aparición de intérpretes del mismo para computadoras personales de 8 y 16 bits contribuyó notablemente a su popularización. Otro importante factor en su difusión fue la adopción del mismo para el desarrollo del proyecto de la quinta generación de computadoras a principios de la década de los 80.

Las primeras versiones del lenguaje diferían en sus diferentes implementaciones en muchos aspectos de su sintaxis, empleándose mayormente como forma normalizada el dialecto propuesto por la Universidad de Edimburgo, hasta que en 1995 se estableció un estándar ISO (ISO/IEC 13211-1) llamado ISO-PROLOG.

PROLOG se enmarca en el paradigma de los lenguajes lógicos y declarativos, lo que lo diferencia enormemente de otros lenguajes más populares tales como FORTRAN, Pascal, C o Java. En estos lenguajes las instrucciones se ejecutan normalmente en orden secuencial, es decir, una a continuación de otra, en el mismo orden en que están escritas, que sólo varía cuando se alcanza una instrucción de control (un bucle, una instrucción condicional o una transferencia). Los programas en PROLOG se componen de cláusulas de Horn que constituyen reglas del tipo "modus ponendo ponens", es decir, "Si es verdad el antecedente, entonces es verdad el consecuente". No obstante, la forma de escribir las cláusulas de Horn es al contrario de lo habitual. Primero se escribe el consecuente y luego el antecedente. El antecedente puede ser una conjunción de condiciones que se denomina secuencia de objetivos. Cada objetivo se separa con una coma y puede considerarse similar a una instrucción o llamada a procedimiento de los lenguajes imperativos. En PROLOG no existen instrucciones de control. Su ejecución se basa en dos conceptos: la unificación y el backtracking.

Gracias a la unificación, cada objetivo determina un subconjunto de cláusulas susceptibles de ser ejecutadas. Cada una de ellas se denomina punto de elección. PROLOG selecciona el primer punto de elección y sigue ejecutando el programa hasta determinar si el objetivo es verdadero o falso. En caso de ser falso entra en juego el backtracking, que consiste en deshacer todo lo ejecutado situando el programa en el mismo estado en el que estaba justo antes de llegar al punto de elección. Entonces se toma el siguiente punto de elección que estaba pendiente y se repite de nuevo el proceso. Todos los objetivos terminan su ejecución bien en éxito ("verdadero"), bien en fracaso ("falso").

Gracias a su facilidad de programar y su sencilla sintaxis gramatical y numérica, se pueden escribir rápidamente y con pocos errores programas claramente leíbles; además, cualquier usuario puede acceder a él si lo desea. Definitivamente,

PROLOG está orientado a la Inteligencia Artificial usando la programación lógica.

Haskell El nombre de este lenguaje de programación fue tomado del nombre de Haskell Brooks Curry (12 de septiembre de 1900 - 1 de septiembre de 1982) quien fue un matemático y lógico estadounidense nacido en Millis, Massachusetts. Haskell se educó en la Universidad Harvard y recibió un doctorado en Göttingen en 1930. Su vocación principal fue en lógica matemática, especialmente en la teoría de sistemas y procesos formales - lógica combinatoria, el fundamento para los lenguajes de programación funcionales.

Haskell es un lenguaje de programación estandarizado multi-propósito puramente funcional con semánticas no estrictas y fuerte tipificación estática. En Haskell, una función es un elemento de primera clase del lenguaje de programación. Como lenguaje de programación funcional, el constructor de controles primario es la función. El lenguaje tiene sus orígenes en las observaciones de Haskell Curry y sus descendientes intelectuales.

A partir de la publicación de Miranda, lenguaje de programación funcional sucesor de SASL y KRC, a mediados de la década de los 80´s los lenguajes funcionales proliferaron. En 1987 existían compitiendo entre ellos más de una docena de lenguajes de programación funcionales no estrictos. Durante la conferencia sobre Lenguajes de Programación Funcional y Arquitecturas de Computadora (FPCA '87) en Portland, Oregon, se mantuvo un encuentro durante el cual se alcanzó un fuerte consenso entre sus participantes para formar un comité que definiese un estándar abierto para tales lenguajes. Esto se hizo con el propósito expreso de consolidar los lenguajes existentes en uno solo que sirviera como base para la investigación futura en diseño de lenguajes. La primera versión de Haskell ("Haskell 1.0") se definió en 1990. Los esfuerzos del comité resultaron en una serie de definiciones del lenguaje que culminaron a finales de 1997 en Haskell 98 que se intentó fuera una versión del lenguaje mínima, estable y portable, junto con una biblioteca estándar asociada para la enseñanza y como base de futuras extensiones. El comité expresamente aprobó la creación de extensiones y variantes de Haskell 98 mediante la adición e incorporación de características experimentales. En enero de 1999, el estándar del lenguaje Haskell 98 se publicó en "The Haskell 98 Report". En enero de 2003, se publicó una versión revisada en "Haskell 98 Language and Libraries: The Revised Report". El lenguaje continúa evolucionando rápidamente con las implementaciones de Hugs y de GHC que representan el actual estándar de facto. A principios del 2006 comenzó el proceso de definición de un sucesor del estándar de Haskell 98, llamado informalmente Haskell' ("Haskell Prime"). Este proceso intenta producir una revisión menor de Haskell 98. En 2010 se lanzó la versión Haskell 2010.

Para el desarrollo de aplicaciones (apps), el reconocimiento de voz e Inteligencia Artificial se han lanzado al mercado algunas herramientas. Aquí presentamos algunas de ellas:

Jasper es una plataforma de código abierto para programadores de aplicaciones con control de voz. Con ella es posible controlar todo tipo de productos: usar la voz para pedir información a determinadas aplicaciones, manejar el hogar, actualizar redes sociales y más. El código está disponible para los desarrolladores que deseen programar sus propios módulos. Esta plataforma está diseñada expresamente para el hardware Raspberry Pi. También necesita un hardware adicional como adaptador WiFi que le permite tener conexión a Internet y un micrófono USB (los creadores de Jasper han probado la plataforma con el micrófono USB Akiro Kinobo). Además es recomendable disponer de una tarjeta de memoria de 4GB y un cable Ethernet. En la documentación de la plataforma se presentan algunos módulos escritos por otros desarrolladores para otras aplicaciones que muestran sus posibilidades. Para facilidad del usuario dispone de un módulo de Google Calendar para la actualización de eventos. El código está disponible en Github. Es necesario saber programar en Python.

Caffe Esta herramienta fue creada por BAIR (Berkeley Artificial Intelligence Research) en el 2014, y se hizo popular en la investigación académica en un marco de trabajo de Aprendizaje profundo usando redes convolutivas. En el 2017 Facebook lanzó Caffe-2 como un sucesor comercial de Caffe. Se escribió para tratar con las dificultades de Caffe en términos de escalabilidad y además, buscando ser menos pesada.

TensorFlow Google decidió abrir a todo el mundo uno de sus proyectos de futuro: su sistema de Inteligencia Artificial TensorFlow. La empresa con sede en Mountain View, California decidió convertir TensorFlow en código abierto, lo que implica que cualquier investigador, organización o empresa interesado en la Inteligencia Artificial podrá usar el sistema. Se trata de un sistema que aprende a identificar patrones tras analizar cantidades masivas de información y que ha permitido a Google desarrollar aplicaciones como Google Translate que hacen posible, por ejemplo, colocar el teléfono sobre una señal en ruso y traducirlo al idioma que quiera el usuario. El consejero delegado de Google, Sundar Pichai, destacó que TensorFlow es un sistema que puede funcionar en un solo teléfono inteligente o en miles de computadoras en centros de datos. "Usamos TensorFlow para todo, desde el reconocimiento de voz en la aplicación de Google, hasta SmartReply en Inbox y la búsqueda en Google Fotos", dijo Pichai durante una entrevista para un medio especializado. El ejecutivo afirmó estar convencido de que el impacto de TensorFlow puede ser incluso mayor fuera de Google, de ahí que la empresa haya decidido abrir el acceso.

La computadora

La suma del hardware y el software hacen la computadora. Podemos ver al hardware y al software como las dos caras de una misma moneda. Se requieren las dos partes para lograr el pleno funcionamiento de la máquina. Estos dos elementos, el hardware y el software, son necesarios para lograr la Inteligencia Artificial. Algunas veces los encontraremos en una computadora personal, en una gran computadora, un teléfono, un robot o en algún otro dispositivo. El receptáculo no importa tanto a la Inteligencia Artificial porque **es el microprocesador y**

el software los que pueden producir la inteligencia del dispositivo que los contiene.

Es importante revisar la evolución de la computadora aunque sea de manera sucinta para comprender mejor los pasos que se han dado para llegar a una máquina programable que en función de la capacidad de su microprocesador y la sofisticación de su software ha podido alcanzar los primeros estadios de la Inteligencia Artificial y, de manera señalada, apreciar la velocidad de su evolución en comparación con el tiempo que transcurrió para que surgiera y evolucionara la inteligencia en el ser humano.

La Segunda Guerra Mundial fue un conflicto militar que se desarrolló entre 1939 y 1945. El comienzo del conflicto se suele situar en el 1 de septiembre de 1939, con la invasión alemana de Polonia, el primer paso bélico de la Alemania nazi en su pretensión de fundar un gran imperio en Europa, que produjo la inmediata declaración de guerra de Francia y la mayor parte de los países del Imperio Británico al Tercer Reich. En este conflicto internacional se vieron implicadas la mayor parte de las naciones del mundo, incluidas todas las grandes potencias. Fue la mayor contienda bélica de la historia, con más de cien millones de militares movilizados y un estado de guerra total en que los grandes contendientes destinaron toda su capacidad económica, militar y científica al servicio del esfuerzo bélico, borrando la distinción entre recursos civiles y militares. Marcada por hechos de enorme repercusión histórica que incluyeron la muerte de civiles, el Holocausto y el uso, por primera y única vez, de armas nucleares en un conflicto militar, la Segunda Guerra Mundial fue el conflicto más mortífero en la historia de la humanidad, con un resultado final de entre 50 y 70 millones de víctimas.

En Alemania se dan los primeros pasos para construir una computadora. Konrad Zuse, un joven estudiante de ingeniería civil de la Universidad Tecnológica de Berlín construyó la primera calculadora mecánica con sistema binario y logró construir modelos de máquinas más avanzadas. Sin embargo, la mayor parte de su obra quedó destruida durante el bombardeo del ejército aliado a la ciudad de Berlín en abril de 1945. Construyó una computadora que funcionaba con relevadores de teléfonos, manejaba aritmética de punto flotante y tenía capacidad de 64 palabras de memoria. Un modelo más avanzado de su máquina tenía palabras de 32 bits y una capacidad de memoria de 512 palabras. Desafortunadamente, Zuse se vio obligado a escapar del bombardeo y sólo pudo rescatar el modelo Z4 que escondió en una bodega de vino en una pequeña población en las montañas de Baviera, donde no tuvo oportunidad de hacerla funcionar a plenitud.

Inglaterra no se queda atrás y pone en marcha un proyecto para construir una calculadora de alta velocidad para descifrar las claves utilizadas por el ejército alemán. El proyecto se asignó a un selecto grupo de científicos bajo el mando del brillante matemático Max Newman. Al grupo se integró también Alan Turing, uno de los matemáticos que, de manera más importante, ha contribuido al desarrollo del software. La **Colossus,** máquina construida en el mayor secreto, logró descifrar las claves de transmisión de los mensajes del enemigo. En esta calculadora de alta velocidad se utilizaron válvulas electrónicas; un gran adelanto para su tiempo que le ha valido ser considerada como la primera computadora electrónica. Sin embargo, fue diseñada con un solo propósito: descifrar las claves de transmisión de información. Era una máquina criptográfica que funcionaba electrónicamente con una alta eficiencia y a una velocidad mayor de la que se conocía en ese tiempo, pero en su diseño no se consideró la posibilidad de ejecutar diversos procesos de información, característica fundamental de una computadora.

Los Estados Unidos entran también en la Segunda Guerra Mundial y en consecuencia en la carrera por construir una máquina para ejecutar cálculos con alta velocidad. En la escuela Moore de Ingeniería Eléctrica de la Universidad de Pennsylvania **John W. Mauchly y J. Presper Eckert**, científicos estadounidenses cuya influencia en la computación habría de manifestarse durante varias décadas, unieron sus esfuerzos para construir una computadora electrónica de propósito general. El proyecto se inició el 31 de mayo de 1943 y posteriormente, en agosto de 1944, se unió al grupo **John von Neumann** cuya aportación intelectual fue decisiva en el funcionamiento de la máquina. El objetivo primario de la computadora era resolver problemas de balística planteados durante la Segunda Guerra Mundial.

Una vez concluida la Segunda Guerra Mundial los países vencedores, Inglaterra, Estados Unidos y Rusia se dan a la tarea de construir computadoras más eficientes, veloces, precisas y económicas para apoyar las tareas de investigación en las universidades, el gobierno, el programa espacial y la administración de las empresas. Se construyen grandes máquinas con memoria a base de válvulas electrónicas, ferritas y las más avanzadas con transistores. Los Estados Unidos toman la delantera con la serie IBM 360.

El primer sistema de computadoras que se diseñó para producirse en serie y cubrir una amplia gama de aplicaciones fue la serie **IBM 360 en el año 1965**. La idea central de IBM consistía en ofrecer una computadora que lo mismo pudiera satisfacer las necesidades del gobierno, de las universidades y de las empresas. El sistema 360 estaba equipado con un completo y versátil sistema operativo, con equipo periférico para la entrada y salida de datos, con una capacidad de memoria varias veces más amplia que la de las máquinas anteriores, con transistores que permitieron reducir su precio, tamaño y consumo de energía. Su memoria principal estaba construida a base de ferritas. La computadora IBM 360 no fue obra de un investigador ni un producto desarrollado experimentalmente en una universidad; fue el resultado de la labor conjunta de todo un equipo de trabajo formado por profesionales de diferentes especialidades bajo la organización y dirección de una gran empresa. Durante más de una década la serie de computadoras IBM 360 dominó el panorama de la industria de la computación.

Hacia 1975 se da otro gran paso con la producción de la computadora personal. **Primero fue la Altair que construyó Ed Roberts y luego la Apple de Steve Wozniack y el genio de**

Steve Jobs. Por ese tiempo Bill Gates entra en escena con su idea de producir software para la computadora personal y venderlo como un producto accesible a toda persona. Steve Jobs, un genio de la innovación, generó en su mente la idea de la computadora personal y años más tarde el iPod, el iPad y el iPhone para revolucionar la forma en la que el ser humano escucha música, procesa la información y se comunica.

La computadora personal y el software provocaron un parteaguas en la historia de la computación y desencadenaron un proceso evolutivo que habría de desembocar años más tarde en la Inteligencia Artificial. Poco a poco la computadora empezó a realizar algunas actividades que antes realizaba el ser humano sin ayuda de aparato alguno, contando solamente con su mente. En las universidades la computadora se hizo imprescindible para realizar complicados cálculos para los investigadores, en las empresas tomó a su cargo el manejo de la administración, en el gobierno tomó la responsabilidad de manejar grandes volúmenes de información y en la vida de las personas fue ganando mayor confianza cada vez como un asistente personal.

En este punto es importante detenerse un poco para apreciar la gran diferencia que existe en el tiempo que ha requerido el ser humano para llegar a ser inteligente y el tiempo que ha transcurrido en la evolución de la computadora. La formación del cerebro del Homo sapiens requirió millones de años y una vez que estaba listo el cerebro fueron necesarios otros 130,000 años para que se diera el chispazo de la inteligencia. En la computadora han sido necesarios menos de cien años para considerar que ya tiene un cierto grado de inteligencia.

Supercomputadoras

La Inteligencia Artificial requiere del procesamiento de grandes volúmenes de datos a velocidades extremas. En el curso de la historia se han construido computadoras cada vez más veloces y de mayor capacidad para las empresas, las universidades, el gobierno y los centros de investigación. **Colocadas en un nivel superior se encuentran las**

supercomputadoras, poderosas máquinas construidas con la más alta tecnología y a un costo que supera el centenar de millones de dólares. Solamente un puñado de países ha logrado integrar la tecnología y los recursos económicos para construir estas poderosas máquinas.

Si consideramos que la carrera por colocarse al frente de la tecnología de Inteligencia Artificial se presenta actualmente entre China y los Estados Unidos, podremos concluir que también la carrera por construir la supercomputadora más veloz y poderosa se presenta entre estos dos países aunque otras naciones también se han aventurado en este campo como Alemania, Japón, Francia, Reino Unido y Corea del Sur.

Hasta hace poco la supercomputadora más potente era **Sunway TaihuLight** (En chino: 神威·太湖之光 shénwei táihú zhi guang. En español: Dios del lago). Es una supercomputadora que desde junio del 2016 era la más rápida del mundo, con un índice de 93 petaflops en el punto de referencia del benchmark LINPACK. Esto es casi tres veces más veloz que la titular anterior del registro, la Tianhe-2, la cual corre a 34 petaflops.

La supercomputadora Sunway TaihuLight utiliza un total de 40,960 procesadores RISC SW26010 multinúcleo de 64-bit, el cual es un diseño chino basado en la arquitectura ShenWei. Cada chip de procesador contiene 256 núcleos de procesamiento de propósito general y 4 núcleos auxiliares adicionales para la administración del sistema, para un total de 10, 649,600 núcleos de CPU. Los núcleos presentan 1 Kb de memoria scratchpad para datos y 12 Kb para instrucciones y se comunican vía una red en un chip, en vez de tener un cache de jerarquía tradicional similar a las arquitecturas como el microprocesador Cell y Adapteva Epifanía.

Pero como la carrera sigue adelante y no se detiene, Estados Unidos desarrolló la supercomputadora más rápida del mundo y recuperó el liderazgo perdido ante China. **En junio del 2018 se dio la noticia**:

La supercomputadora más veloz e inteligente en existencia ha sido desarrollada por el gobierno de los EEUU, en asociación con IBM y Nvidia. **Bautizada Summit**, la máquina fue presentada por el Departamento de Energía. Ginni Rometty, CEO de IBM, compartió que la firma que controla estuvo a cargo del diseño. "Este es realmente uno de nuestros mayores logros. **Es la supercomputadora más rápida e inteligente hoy**" dijo la ejecutiva en diálogo con CNBC. "Se trata de la nieta de Watson" bromeó. Por su parte, Jensen Huang, CEO de Nvidia, dijo que Summit es solo el comienzo de un "excitante" crecimiento por venir. "La arquitectura de Summit marcará la forma en la que las computadoras serán construidas en el futuro, parte de una industria multimillonaria" agregó el directivo.

Summit ostenta una performance de 200,000 billones de cálculos por segundo y es ocho veces más poderosa que Titan, la supercomputadora más rápida desarrollada en los EEUU hasta la llegada de la flamante máquina. Su potencial es realmente prometedor para los investigadores. "Un experimento que antes podría haber demorado cientos de años en ser llevado a cabo ahora podrá ser realizado en un día" aseguró Rometty. "Tendremos nuevos compuestos y nuevas curas para el cáncer" agregó. El secretario de Energía Rick Perry dijo que la máquina tendrá un efecto profundo no sólo en el ámbito de la salud sino también en lo que respecta a investigación energética y ciberseguridad. "Esto cambiará al mundo" compartió. Entre sus características se destaca el hecho de que Summit intercambia agua para refrigeración a un ritmo de 9 piscinas olímpicas cada día. La capacidad de Inteligencia Artificial del sistema permitirá trabajar en el desarrollo de nuevas drogas por medio de la química cuántica y realizar grandes avances en el análisis del dolor crónico y el estudio del ADN mitocondrial.

Estos son algunos datos curiosos de la supercomputadora Summit:

- Puede hacer 200 cuatrillones de cálculos en un segundo. Si una persona es capaz de hacer un cálculo por segundo, le tomaría 6,300 millones de años calcular lo que Summit logra en un parpadeo.

- Si los 7,400 millones de habitantes de la Tierra hiciéramos un cálculo por segundo, nos tomaría 305 días realizar una operación que para Summit es instantánea.

- El sistema de archivo de Summit puede almacenar 250 petabytes de datos, lo que equivale a 74 millones de años de video de alta definición.

- Summit se utilizará para crear modelos científicos y simulaciones basadas en Inteligencia Artificial y aprendizaje automático que puedan acelerar descubrimiento en áreas como la salud, la energía, el desarrollo de materiales y la astrofísica.

- Summit representa un gran paso en la investigación e innovación de sistemas en el **camino de la humanidad hacia la Inteligencia Artificial Total.**

- Los servidores de Summit fueron construidos en el piso de manufactura de IBM dentro del Campus Tecnológico **Guadalajara en el estado de Jalisco, México.**

⊙RIGEN Y DESARROLLO DE LA IA

La Inteligencia Artificial ha sido asociada a un mundo de ciencia ficción que ha contribuido a desvirtuar su significado real. A lo largo del tiempo se han producido películas de cine, libros, obras de teatro y noticias espectaculares que relacionan la Inteligencia Artificial con robots que se levantan en armas contra sus creadores, computadoras que se rebelan contra los humanos y toman el control de una nave interplanetaria e historias que se alejan del terreno de la realidad y se quedan en el campo de la fantasía.

En este ensayo sobre la Inteligencia Artificial nos alejaremos de la fantasía para acercarnos a la realidad aun cuando la realidad a veces resulta más atrevida que la ciencia ficción. En este capítulo revisaremos la evolución de la Inteligencia Artificial a partir de las ideas de Alan Turing para luego resaltar los méritos de la conferencia del Darmouth College, revisaremos el Consorcio en Inteligencia Artificial (Partnership on AI), pasaremos revista al panorama de la Inteligencia Artificial en el mundo y particularmente en América Latina para concluir con el análisis del caso de una empresa mexicana desarrolladora de IA. En los siguientes capítulos revisaremos los importantes avances que se han logrado en el campo de la IA, haremos un repaso a las técnicas en las que se apoya su rápido crecimiento como el Aprendizaje automático, las Redes neuronales y los Sistemas expertos y más adelante pasaremos revista a las interesantes aplicaciones que se han desarrollado con base en la IA.

Alan Turing

Alan Mathison Turing, Oficial de la Orden del Imperio Británico, nació en Paddington, Londres, el 23 de junio de 1912 y falleció en Wilmslow, Cheshire el 7 de junio de 1954. Es considerado uno de los padres de la ciencia de la computación, precursor de la Informática moderna y piedra angular de la Inteligencia Artificial. Fue un matemático, lógico, científico de la computación, criptógrafo, filósofo, maratoniano y corredor de ultra distancia británico. Proporcionó una influyente formalización de los conceptos del algoritmo, concibió la idea del programa almacenado dentro de la misma computadora y dejó plasmadas sus ideas sobre la computación en el modelo de la Máquina de Turing.

Alan Turing fue un hombre de personalidad controvertida; una mezcla de niño prodigio y profesor distraído. Normalmente vestía desaliñado ya que no le preocupaba su apariencia personal. Era normal verlo usando una corbata en vez de cinturón para sujetar los pantalones. Tenía una voz aguda y una sonrisa nerviosa. Sólo aceptaba platicar con personas de su mismo nivel intelectual, lo que le llevó, obviamente, a tener pocos amigos. Era homosexual y en su época la homosexualidad se consideraba una falta a la moral y en algunas partes incluso era considerada como un delito. Probablemente no pudo soportar el conflicto interno que sufría y decidió suicidarse comiendo una manzana envenenada.

Desde joven se distinguió por ser un brillante estudiante con especial facilidad para las matemáticas. En la Universidad de Cambridge obtuvo el doctorado y a la edad de 24 años publicó **"On Computable Numbers"**, uno de los documentos más interesantes sobre la teoría de las computadoras publicado en 1936, antes de que se construyera la primera computadora; en ese documento explica las características y las limitaciones de una máquina lógica. Su propósito no era construir una máquina y en sus ideas no se encuentra nada relativo a la parte física de la computadora. No escribió sobre los relevadores ni los circuitos electromecánicos, sólo sobre su estructura lógica. La Máquina de Turing existe únicamente en papel como un conjunto de especificaciones, pero su influencia ha sido fundamental en el desarrollo de las computadoras y del software y sigue siendo considerada como el prototipo de la máquina lógica.

De esta forma, Turing fue el primero en comprender la característica universal de la computadora digital alcanzando y aun superando las ideas de Charles Babbage expresadas 100 años atrás. La frase clave de Babbage al referirse a la Máquina Analítica fue que el Universo de condiciones que permiten a una máquina hacer cálculos de una extensión ilimitada se encuentran precisamente en la Máquina Analítica. El concepto fundamental de Turing fue que la máquina debe manejar información mediante un programa que puede ser modificado para que ésta ejecute diversas funciones y éste es el concepto esencial de una computadora.

En septiembre de 1936 Turing realizó un viaje a los Estados Unidos para estudiar en el Departamento de Matemáticas de la Universidad de Princeton con maestros de la categoría de **Einstein, Courant y John von Neumann**. En el verano de 1937 regresó a Inglaterra. Un nuevo viaje le llevó a Princeton en 1938 y durante ese tiempo tuvo oportunidad de establecer una cercana comunicación con von Neumann quien, intrigado por las ideas de Turing, le ofreció trabajo como su asistente en la universidad. Turing no aceptó y regresó a Inglaterra para incorporarse en el Departamento de Comunicaciones del Ministerio del Exterior en donde habría de empezar una brillante carrera.

Durante la Segunda Guerra Mundial Turing fue concentrado en Bletchley Park, lugar secreto del gobierno británico situado al Norte de Londres para descifrar los códigos de transmisión de información del ejército alemán que eran codificados con un complejo mecanismo que se operaba con una máquina llamada Enigma. Para descifrar los miles de mensajes que se transmitían diariamente, un selecto grupo de científicos desarrolló una máquina llamada **Colossus puesta en operación en diciembre de 1943**. El diseño y operación del proyecto Colossus permanecieron en secreto aun después de terminada la guerra y sólo en los últimos años se ha podido conocer la naturaleza de los trabajos que se realizaron y las características de las máquinas que se utilizaron. Algunos estudiosos de la historia universal han afirmado que la participación de los científicos para descifrar los mensajes secretos del enemigo fue decisiva para que el ejército aliado ganara la Segunda Guerra Mundial.

Durante su estancia en Bletchley Park, Turing siempre fue apreciado por sus compañeros de trabajo. No se divulgó su tendencia homosexual y eso le permitió mantener un ambiente de relaciones cordiales. Por ese tiempo comenzó a desarrollar sus ideas sobre las máquinas inteligentes, concepto revolucionario para su época sobre todo porque aún no se construía la primera computadora con programa almacenado. El primer documento que expresa sus ideas sobre las máquinas pensantes fue escrito al final de la Segunda Guerra Mundial, pero no fue publicado sino hasta 1950.

Al término de la guerra el gobierno de los Estados Unidos invitó a un grupo de científicos ingleses a conocer los adelantos realizados en materia de computación, concretados principalmente en las máquinas ENIAC y MARK I. El primer científico que hizo el viaje fue J.R. Womersley, quien trabajaba en el Laboratorio Nacional de Física, uno de los centros de investigación más importantes de Inglaterra. Visitó la Escuela Moore de Ingeniería Eléctrica y recibió una copia del reporte sobre la computadora escrito por von Neumann. A su regreso a Inglaterra, Womersley organizó de inmediato un selecto grupo de hombres de ciencia para desarrollar un proyecto para construir una computadora. Alan Turing fue invitado en primer lugar, quien de inmediato estudió a fondo el documento preparado por von Neumann y, tomando algunas ideas, procedió a desarrollar su propio plan para construir una computadora que recibió el nombre de ACE (Automatic Computing Engine). El proyecto era ambicioso: la máquina tendría 204,800 bits de memoria y una velocidad 10 veces mayor que la ENIAC. Turing concedió especial importancia al aspecto de la programación e incluso escribió algunos programas compuestos en un código parcialmente numérico, pero sufrió un gran retraso debido a la burocracia por lo que decidió abandonarlo para ir a la Universidad de Manchester, donde participó en la parte final del proyecto para construir la Manchester Mark I.

En 1950 se publicó el libro "Computing Machinery and Intelligence" que representa uno de los documentos más interesantes en la historia del software. En esta polémica obra Turing establece su convicción de que las computadoras pueden llegar a tener la capacidad de imitar perfectamente la inteligencia humana y que esto **sería posible en el año 2,000**. El documento ha servido como manifiesto para un grupo de especialistas dedicados a realizar el proyecto de Turing de construir una computadora con Inteligencia Artificial que pase la famosa prueba.

El Test de Turing

La "inteligencia maquinaria" es un tema que algunos investigadores del Reino Unido estudiaron 10 años antes de que se fundara el campo de investigación de la Inteligencia Artificial en 1956. Era un tema comúnmente discutido por los miembros del "Club de la razón", grupo informal de investigadores cibernéticos y electrónicos británicos que incluía a Alan Turing, quien había estado trabajando con el concepto de la "inteligencia maquinaria" desde al menos el año de 1941. Una de las primeras menciones de la "inteligencia computacional" fue hecha por Turing en 1947. En el reporte de Turing llamado "maquinaria inteligente", investigó "la idea de si era o no posible para una máquina demostrar un comportamiento inteligente" y como parte de su investigación **propuso una prueba conocida como el Test de Turing** que se puede considerar como la prueba de fuego para determinar si una máquina es o no tan inteligente como un ser humano.

El test de Turing es una prueba de la habilidad de una máquina de exhibir un comportamiento inteligente similar o indistinguible, del de un humano. Alan Turing propuso que una persona evaluara conversaciones en lenguaje natural entre una persona y una máquina diseñada para generar respuestas similares a las de un ser humano. El evaluador sabría que uno de los miembros de la conversación es una máquina y todos los participantes serían separados de otros. La conversación estaría limitada a un medio únicamente textual como un teclado de computadora y un monitor por lo que sería irrelevante la capacidad de la máquina de transformar texto en habla. En el caso de que el evaluador no pueda distinguir entre el humano y la máquina acertadamente (Turing originalmente sugirió que la máquina debía convencer a un evaluador después de 5 minutos de conversación el 70% del tiempo), la máquina habría pasado la prueba. Esta prueba no evalúa el conocimiento de la máquina en cuanto a su capacidad de responder preguntas correctamente, **solo se toma en cuenta la capacidad de ésta de generar respuestas similares a las que daría un humano.**

El primer texto publicado escrito por Turing enfocado completamente en la inteligencia de las máquinas fue **"Computing Machinery and Intelligence"**. Turing inicia este texto diciendo "Me propongo tomar en cuenta la pregunta ¿Pueden pensar las máquinas? Turing menciona que el acercamiento tradicional es empezar con definiciones de los términos "máquina" e "inteligencia", decide ignorar esto y empieza reemplazando la pregunta con una nueva que está estrechamente relacionada y en palabras no ambiguas. Él propone, en esencia, cambiar la pregunta de "¿pueden las máquinas pensar?" a **"¿Pueden las máquinas hacer lo que nosotros, como entidades pensantes, hacemos?"**. La ventaja de esta nueva pregunta es que "dibuja un límite entre las capacidades físicas e intelectuales del hombre."

Para demostrar si una máquina puede ser considerada como "inteligente" Turing propone una prueba inspirada en el **"Juego de imitación"**, en este juego participan un hombre y una mujer quienes entran a cuartos separados y el resto de los jugadores intentaría distinguir entre cada uno por medio de preguntas y leyendo las respuestas (escritas a máquina) en voz alta. El objetivo del juego es que los participantes que se encuentran en los cuartos deben convencer al resto que son el otro. Turing describe su versión del juego de la siguiente manera:

Nos hacemos la pregunta, "¿Qué pasaría si una máquina toma el papel de A en este juego? ¿Se equivocaría tan frecuentemente el interrogador en esta nueva versión del juego que cuando era jugado por un hombre y una mujer? Estas preguntas sustituyen la pregunta original ¿Pueden pensar las máquinas?".

Más adelante en el texto se propone una versión similar en la que un juez conversa con una computadora y un hombre. A pesar de que ninguna de las versiones propuestas es la misma que conocemos hoy en día, Turing propuso una tercera opción, la cual discutió en una transmisión de radio de la BBC, donde un jurado le hace preguntas a una computadora y el objetivo de la máquina es engañar a la mayoría del jurado haciéndolo creer que es un humano.

El poder y atractivo de la prueba de Turing se deriva de su simplicidad. La filosofía de la mente, la psicología y la neurociencia moderna han sido incapaces de proporcionar definiciones para "inteligencia" y "pensamiento" que sean suficientemente precisas y generales como para ser aplicadas a máquinas. Sin estas definiciones, las incógnitas principales de la filosofía de la Inteligencia Artificial no pueden ser respondidas. La prueba de Turing, aunque imperfecta, al menos proporciona algo que puede ser medido y, como tal, es una solución pragmática a una difícil pregunta filosófica. En el curso de los siguientes años se han hecho varios intentos para pasar la prueba de Turing con notables resultados aunque todavía no llega el momento de su completa y total aceptación.

Para conmemorar el 60 aniversario del fallecimiento de Alan Turing (Junio 7 de 1954) dos audaces programadores se propusieron crear un robot conversacional o chat bot para pasar la famosa prueba de Turing. Vladimir Veselov, un informático ruso residente en Estados Unidos y Eugene Demchenko, un joven ucraniano residente en Rusia se dieron a la tarea de aplicar sus conocimientos en Informática para producir el programa que diera "inteligencia" a la computadora para pasar el Test de Turing. Bautizaron con el nombre de Eugene Goostman al bot y para darle más realidad al proyecto los dos genios informáticos decidieron dar a Eugene Goostman la personalidad de un niño "sabelotodo" de 13 años. Al ser entrevistados sobre su creación dijeron «Eugene nació en Ucrania en el año 2001 y, aunque presume de saberlo todo, es perfectamente razonable que a su edad aún le queden cosas por aprender. Pasamos mucho tiempo construyendo su personalidad, y hemos logrado mejorar en el último año el controlador de diálogo, para darle un toque más humano a sus respuestas. En el futuro pensamos hacerlo más inteligente y seguir mejorando su lógica de conversación».

Después de varios intentos en sus presentaciones el programa de IA fue capaz de convencer al 33% de los jueces que participaron en la prueba en la Royal Society de Londres de que realmente estaban chateando con un niño ucraniano de 13 años, respondiendo a preguntas sobre su infancia en Odessa, revelando su desdén por La guerra de las Galaxias o su pasión por las canciones de Eminem en especial Stan y The Real Slim Shady.

El anuncio del éxito fue celebrado por Kevin Warwick, profesor de Cibernética de la Universidad de Reading, quien lanzó las campanas al vuelo: «En el campo de la Inteligencia Artificial, no hay un hito más icónico y controvertido que el test de Turing y ese hito ha sido alcanzado en el Royal Society, que es el hogar de la ciencia británica y el escenario de grandes avances a lo largo de los siglos».

Otros científicos se rehusaron en aceptar el éxito aduciendo que si el bot bien podía entablar una conversación, no tenía la capacidad de pensar. Algo semejante sucedió cuando una computadora logró ganar a un campeón en ajedrez. Sin embargo, cada paso acerca más al ser humano a la Inteligencia Artificial Total.

Dartmouth College

Dartmouth College es una universidad privada ubicada en Hanover, New Hampshire, Estados Unidos. Fue fundada por el clérigo británico Eleazar Wheelock con fondos obtenidos por el predicador Samson Occom. El 13 de diciembre de 1769, el Rey Jorge III del Reino Unido aprobó el establecimiento de la institución académica otorgándole el nombre de Dartmouth College en recuerdo de su amigo William Legge, segundo conde de Dartmouth. La misión inicial de la universidad era proporcionar educación y al mismo tiempo cristianizar a los nativos americanos. Después de un largo período de luchas políticas y financieras, Dartmouth surgió de una relativa oscuridad a finales del siglo XIX como una de las mejores universidades de Estados Unidos y del mundo.

Hacia la segunda mitad del siglo XX la idea de construir una computadora que tuviera la capacidad de pensar estaba presente en algunas universidades de los Estados Unidos. En el verano de 1956 un grupo de estudiantes de Dartmouth College decidió organizar una conferencia a fin de analizar la posibilidad de producir software para hacer que una computadora reaccionara inteligentemente. En un documento que presentó a la Fundación Rockefeller para obtener el respaldo financiero que necesitaba, el grupo estableció el objetivo de la conferencia con estas palabras **"El estudio se fundamenta en la idea de que el aprendizaje y cualquier otra característica de la inteligencia pueden ser descritos en forma tan precisa que una máquina puede simularlas".**

La conferencia de Dartmouth College permitió establecer estrechas relaciones entre el grupo de entusiasmados estudiantes que asistieron. Del grupo de 10 organizadores, cuatro de ellos continuaron en su vida profesional un trabajo permanente de investigación en el campo de la Inteligencia Artificial y fundaron algunas de las más importantes instituciones para su investigación y desarrollo. John McCarthy organizó el Laboratorio de Inteligencia Artificial del Instituto

Tecnológico de Massachusetts (MIT) en 1957 y en el año de 1963 fundó el Centro de Investigación de IA en la universidad de Stanford en California. Marvin Minsky tomó la dirección del laboratorio de IA en la universidad Carnegie Melon en Pittsburgh. El ambiente formado por estudiantes permitió mantener un aire fresco e informal que contribuyó a una libre expresión de las ideas. La escena de la computación había estado dominada por los grandes maestros John von Neumann y Alan Turing, así que los jóvenes estudiantes le dieron nuevo brío al pensamiento e impulsaron el desarrollo del software.

El objetivo de la conferencia consistía en demostrar que la computadora no era una máquina que sólo devoraba números, sino que podía utilizarse también para ejecutar procesos lógicos de información y, en cierto grado, hacer que la máquina tomara algunas decisiones sin la intervención del programador. Ésta sigue siendo la idea central del principio de la Inteligencia Artificial. Arthur Samuel presentó un programa para jugar damas; Alex Bernstein demostró que la computadora podía jugar ajedrez; Nathan Rochester presentó un interesante programa para simular una red del sistema nervioso con la computadora y Marvin Minsky demostró la posibilidad de aplicar la computadora en la solución de los teoremas de Euclides.

Uno de los programas más interesantes fue el que presentaron Allen Newell y Herbert Simon para demostrar teoremas tomados de la obra Principia Mathematica de Bertrand Russell, notable filósofo y matemático inglés. El programa tenía registradas las reglas básicas de operación, las cuales eran una lista de axiomas y demostraciones de teoremas de tal manera que el programa podía recibir una nueva expresión y ejecutaba su demostración. Aquí lo importante es que la computadora ejecutaba un procedimiento sin la intervención del programador para estudiar el problema, tomar alternativas, buscar la solución e imprimir el resultado. La demostración del programa tuvo gran éxito. De los 52 teoremas del capítulo II de los Principia logró hacer la demostración de 34 teoremas y uno de ellos con tanta elegancia que superó la calidad de Russell y

Whitehead. Herbert Simon, uno de los autores del programa, le informó a Bertrand Russell acerca de este suceso y el matemático quedó sorprendido de que una máquina pudiera realizar un procedimiento que requería de un tratamiento lógico sofisticado. **Todos estos programas significaron un paso importante para considerar a la máquina como ente inteligente.**

Uno de los estudiantes más entusiastas durante la conferencia fue John McCarthy, quien hizo una aportación que ha sido una de las piedras angulares de este nuevo campo de la investigación: Acuñó y definió el concepto de Inteligencia Artificial.

John Patrick McCarthy nació en Boston, Massachusetts el 4 de septiembre de 1927 y falleció en Stanford, California el 24 de octubre de 2011. Fue el mayor de dos hermanos, hijos del matrimonio formado por un irlandés inmigrado y militante sindical, y de una judía lituana. A causa de la salud de John la familia emigró en 1944 a California. Fue educado en el pensamiento lógico y muy aficionado a los libros, mientras trabajaba como carpintero, pescador, organizador sindical e inventor. En 1948 el joven McCarthy se licenció en Matemáticas en el Instituto de Tecnología de California, doctorándose en la misma disciplina en 1951, en la Universidad de Princeton. Tras cortas estancias en Princeton, Stanford, Dartmouth y el MIT, pasó a ser profesor de tiempo completo en la Universidad de Stanford en 1962, en la que permaneció como docente e investigador hasta su retiro a finales del 2000. Tras su jubilación fue nombrado Profesor Emérito de dicha universidad.

Visionario es el calificativo que mejor definiría a McCarthy. Su mente era la de un matemático y él opinaba que esa era una disciplina imprescindible para desarrollar la Inteligencia Artificial. En un documento publicado en 2007 por la Universidad de Stanford explicó que él entendía por **Inteligencia Artificial (IA) "la ciencia y la ingeniería de crear máquinas inteligentes, especialmente programas de computación inteligentes. Está relacionada con la tarea**

similar de utilizar computadoras para comprender la inteligencia humana, pero la IA no se limita a métodos que sean observables biológicamente". Las principales aportaciones de McCarthy son el lenguaje LISP que diseñó pensando en el desarrollo de la Inteligencia Artificial; introdujo el concepto de computación en la nube con la idea de la computación como un servicio público al afirmar que "**Algún día la computación podrá ser organizada como un servicio público**". Otra aportación importante fue el concepto de tiempo compartido en las computadoras que permite la ejecución de varios programas a la vez.

La innovación y la Inteligencia Artificial

A partir del año 2016 la Inteligencia Artificial recibe un renovado impulso que la coloca en el centro de la atención del desarrollo tecnológico. Las empresas, universidades, centros de investigación, gobiernos e incluso las personas comunes se interesan cada vez más en la Inteligencia Artificial. Este creciente interés genera un círculo virtuoso que impulsa el desarrollo de la IA y su aceptación en la sociedad. El concepto de Inteligencia Artificial se asocia con la investigación, la innovación tecnológica, la creatividad e incluso con el progreso y la oportunidad de invertir en este campo para hacer buenos negocios y prósperas empresas. Las grandes compañías destinan cada vez más recursos de todo tipo a la investigación de la Inteligencia Artificial y a su aplicación en diferentes campos. Se diría que **el distintivo que marca la perspectiva de crecimiento de una empresa es el grado de utilización de la IA** y su aplicación para revolucionar los productos tradicionales o crear nuevos productos para un mercado ávido de recibirlos y pagar algo más por ellos. Para comprender esta nueva ola que impulsa a la IA pasaremos revista a las acciones que se han dado en las empresas, las universidades y los gobiernos y que en conjunto crean las condiciones para que la Inteligencia Artificial avance en una imparable carrera.

La innovación se genera en una idea que produce un cambio cuyo efecto es un nuevo producto, servicio o procedimiento que encuentra una aplicación exitosa y conquista al mercado mediante una amplia difusión. La Real Academia Española define a la innovación como la creación o modificación de un producto y su introducción en un mercado. De esta forma, una condición esencial de la innovación es su aplicación exitosa a un nivel comercial, porque no solamente vale inventar algo, sino que además lo importante o condición *sine qua non* es introducirlo satisfactoriamente y con repercusión en el mercado para que la gente lo conozca y después lo adopte para aprovecharlo o disfrutarlo en plenitud. Un claro ejemplo es el teléfono celular.

La Inteligencia Artificial ha registrado un importante avance gracias a la innovación que se ha generado en productos basados en el microprocesador, el software e Internet. Sus aplicaciones son amplias y cada vez se insertan en más campos de la actividad de la sociedad. La innovación es uno de los motores que la impulsan Más adelante revisaremos las aplicaciones de la Inteligencia Artificial. Ahora enfocaremos la atención en el desarrollo de la innovación en el ámbito mundial.

Bloomberg publica anualmente una lista de países clasificados por su grado de innovación tomando en cuenta los siguientes factores: Intensidad en Investigación y Desarrollo (I&D), Manufactura de Valor Agregado, Productividad, Alta Tecnología, Eficiencia Terciaria, Concentración de Investigación y Actividad en Patentes. Los diez primeros lugares los ocupan los siguientes países: Corea del Sur, Suecia, Singapur, Alemania, Suiza, Japón, Finlandia, Dinamarca, Francia e Israel. El total de países listados son 50 en donde Estados Unidos ocupa el lugar 11 y Rusia el 26. Solamente dos países latinoamericanos figuran en la lista: Brasil en el lugar 46 y Argentina en el 49. México no figura en la lista.

Corea del Sur se mantuvo en el primer lugar encabezando las mediciones en intensidad de investigación y desarrollo, manufactura de valor agregado y actividad de patentes gracias en buena parte a la empresa Samsung. Aun cuando bajó un poco en productividad se mantuvo como líder del grupo. Suecia, ganador de la medalla de plata, debe la mayor parte de su ascenso a una mejora en la manufactura de valor agregado, mientras que su vecina Finlandia subió dos lugares en gran parte debido al aumento de firmas de alta tecnología en el país. Los Estados Unidos bajaron este año para colocarse en el sitio número once. Sin embargo, los esfuerzos y grandes inversiones que se están haciendo en el campo de la Inteligencia Artificial auguran que habrá de ascender en el futuro.

Esko Tapani Aho (20 de mayo de 1954, Político y ex-primer ministro de Finlandia) define a la **investigación como el procedimiento de invertir dinero para obtener conocimiento**, mientras que la **innovación consiste en invertir conocimiento para obtener dinero**. Esto expresa muy bien el fenómeno de realimentación que se produce con una estrategia de I+D+I (Investigación más Desarrollo más Innovación). Aun cuando se trata de una definición que podríamos calificar de audaz, o incluso materialista, describe con acierto los motores que impulsan a la investigación y a la innovación así como los objetivos que ambas actividades persiguen. **La inversión de dinero permite obtener conocimiento y la inversión de conocimiento nos lleva a la obtención de dinero** para cerrar un círculo virtuoso. En consecuencia, para obtener conocimiento y llegar a la innovación se requiere dinero como ingrediente fundamental según Esko Tapani.

Este esquema lo han comprendido muy bien las empresas que destinan una parte sustancial de su presupuesto a la investigación para obtener conocimiento que luego transforman en dinero. También lo han comprendido las universidades que obtienen fondos para dedicarlos a la investigación y luego transformarlo en conocimiento que venden a las grandes empresas que se asocian con las universidades para transformar el conocimiento en dinero. Estos círculos virtuosos que impulsan la investigación y la innovación son los que han fomentado el desarrollo de la Inteligencia Artificial. No es de extrañar entonces que los avances más importantes en este campo los encontremos en las naciones más prósperas y desarrolladas que tienen grandes empresas con enormes recursos de capital y universidades con amplios recursos destinados a la investigación. La vinculación entre universidades y empresas es un factor clave para la fomentar la innovación.

Si el desarrollo de la Inteligencia Artificial se encuentra sustentado en la investigación y la innovación, entonces la Inteligencia Artificial requiere de dinero para su desarrollo. En los países más desarrollados son las grandes empresas y las universidades las que aportan los recursos. En los países en vías de desarrollo se requiere de una fuente externa para financiar la investigación. Esta fuente podría ser el gobierno si decidiera invertir con visión a largo plazo el 1% del PIB en el fomento de la ciencia y la tecnología. Sin embargo, la atención de los gobiernos de los países en vías de desarrollo está enfocada en otros objetivos. Para impulsar la tecnología y en particular la Inteligencia Artificial se requiere brindar un amplio y decidido apoyo a instituciones como el Consejo Nacional de Ciencia y Tecnología de México (CONACYT).

Consorcio en IA (Partnership on AI)

Convencidos de la importancia de la Inteligencia Artificial, en el mes de septiembre de 2016 algunas de las empresas líderes en tecnología de los Estados Unidos decidieron unir su esfuerzo a fin de crear un consorcio para utilizar una licencia abierta estándar de todos los contenidos que se publiquen en el campo de la Inteligencia Artificial entre los que estarán informes centrados en áreas como la ética o la privacidad. El objetivo del grupo es crear el primer consorcio que también habrá de incluir investigadores académicos sin fines de lucro para que guíen los esfuerzos a fin de asegurar la confiabilidad de la Inteligencia Artificial y conduzcan la investigación hacia tecnologías que sean éticas, seguras y confiables; tecnologías que ayuden y que no dañen, a la vez que dispersen los temores y equívocos sobre ellas. El nombre oficial del consorcio es **"Partnership on Artificial Intelligence to Benefit People and Society"**. Originalmente fue integrado por Google (con su filial DeepMind), Amazon, Facebook, Microsoft e IBM. A finales del mes de enero del 2017 Apple se integró al Consorcio. **Actualmente se integra por algo más de 50 empresas** y organizaciones no lucrativas establecidas en nueve países. Se espera que otras empresas de tecnología se integren en un futuro cercano.

- Esta es la declaración de principios del Consorcio:
- Asegurar que las tecnologías de Inteligencia Artificial beneficien y fortalezcan al mayor número de personas posible.
- Escuchar y educar a la gente y activamente integrar a las partes interesadas para recibir su retroalimentación sobre nuestro enfoque, informarles de nuestro trabajo y responder a sus preguntas.
- Establecer un compromiso con la investigación y el diálogo sobre las implicaciones éticas, sociales, económicas y legales de la Inteligencia Artificial.
- Creemos que la investigación sobre la Inteligencia Artificial y el esfuerzo para desarrollarla deben estar activamente integrados con un amplio abanico de personas interesadas.
- Nos integraremos con y tendremos una representación de las partes interesadas de la comunidad de negocios para asegurar que los puntos de interés y las oportunidades son comprendidas y tomadas en cuenta.
- Trabajaremos para maximizar los beneficios y responder a los potenciales retos de la Inteligencia Artificial mediante la protección de la privacidad y la seguridad de los individuos, esforzándonos para comprender y respetar el interés de todas las partes que puedan resultar impactadas por la Inteligencia Artificial.
- Trabajaremos para asegurar que la Inteligencia Artificial y las comunidades tecnológicas mantengan una responsabilidad social, sensibilidad y compromiso con la influencia que pueda tener la Inteligencia Artificial con toda la sociedad en su conjunto.
- Asegurar que la tecnología de la Inteligencia Artificial sea robusta, confiable y funcione dentro de un margen de seguridad.
- Oponerse al desarrollo y uso de tecnologías de Inteligencia Artificial que puedan violar tratados internacionales o

derechos humanos y promover salvaguardas y tecnologías que no causen daño.

• Creemos que es importante para el funcionamiento de los sistemas de Inteligencia Artificial que puedan ser comprendidos e interpretados por la gente a fin de que la tecnología pueda ser explicada y entendida.

• Nos esforzaremos para crear una cultura de cooperación, confianza y apertura sobre la Inteligencia Artificial a los científicos e ingenieros para que esto nos pueda ayudar a lograr los objetivos que nos hemos propuesto.

• Para una mejor comprensión podemos agrupar los objetivos del Consorcio en dos grandes vertientes:

1. Fomentar el desarrollo de la Inteligencia Artificial mediante la utilización de una licencia abierta estándar para todos los contenidos que se publiquen atrayendo de esta forma a más programadores y usuarios que manejarían un estándar que facilitaría la producción y comercialización de aplicaciones

2. Producir informes centrados en áreas como la ética o la privacidad en un segmento enormemente prometedor pero que conviene vigilar de cerca porque las aplicaciones de Inteligencia Artificial apuntan hacia campos en donde podrían volverse contra sus creadores y cuyo estudio será tema importante más adelante en este ensayo sobre la Inteligencia Artificial.

Panorama de la IA en el mundo

La Inteligencia Artificial es el tema principal en el desarrollo de la ciencia y la tecnología. La inversión en innovación se orienta principalmente a proyectos en Inteligencia Artificial. Las empresas más importantes del mundo están realizando grandes inversiones para conquistar o mantener una posición de liderazgo apoyadas en tecnología de IA y esto sucede no solamente en la industria cibernética sino que abarca prácticamente todos los sectores pasando por la industria militar, la banca, las finanzas, el comercio, la educación, los juegos, la salud y toda actividad económica, política y social del género humano. La Inteligencia Artificial es una actividad de tipo horizontal que puede atravesar todas las ciencias y estar presente en todas las actividades. Este hecho es muy importante para su desarrollo.

Los gobiernos de las naciones se están enfocando en la Inteligencia Artificial como eje principal para promover su desarrollo. La inversión en IA será fundamental para asegurar la competitividad internacional de las grandes empresas y será el principal motor del crecimiento económico. De esta manera se crea un círculo virtuoso en donde la IA se convierte en el motor del desarrollo.

Los Estados Unidos se mantienen a la cabeza en la inversión, investigación y producción de resultados en el ámbito mundial. Las empresas de alta tecnología están destinando una parte muy importante de su presupuesto en I+D en el campo de la IA. Google, Amazon, Facebook, Microsoft, Apple, IBM son ejemplo de las grandes empresas que tienen la mira puesta en la IA para afianzar su liderazgo. En Silicon Valley, corazón de la tecnología en los Estados Unidos, se crean frecuentemente nuevas empresas con jóvenes que fincan sus esperanzas en el emprendimiento tecnológico para triunfar en este competido campo. La participación de las universidades es crucial en su calidad de centros de investigación y semillero en donde se incuban las ideas que más tarde se habrán de convertir en prósperas empresas. Entre 2012 y 2016, Estados Unidos hizo una inversión de 17,900 millones de dólares en IA seguido a distancia por China, con 2,600 millones. Los demás países están a distancias remotas: Reino Unido invirtió 800 millones, Canadá 640 y Alemania 600 millones. El número de empresas que se dedican a la IA también marca una diferencia: los Estados Unidos se mantienen a la cabeza seguidos por China.

Sin embargo China, la segunda economía en el ámbito mundial, quiere convertirse en líder en Inteligencia Artificial para 2030, según la decisión tomada por el Consejo de Estado que ha propuesto un plan en tres etapas para lograr su objetivo: mantenerse al día con la tecnología líder de la IA para

2020, lograr grandes avances para 2025 y ser el líder mundial cinco años después. Entre los empresarios que impulsan con más fuerza el desarrollo de la IA en China se encuentran Jack Ma, el fundador del consorcio de empresas Alibaba; Robin Li, el fundador y actual director de Baidu, el buscador de internet más grande de China; Lei Jun, el director de Xiaomi, la empresa fabricante de teléfonos inteligentes y Sheng Yue Gui el fundador de Geely Automobile. Todos ellos han presentado mociones y propuestas para que el Gobierno tome la iniciativa a fin de que las empresas chinas colaboren en la investigación de IA y faciliten la tecnología.

Robin Li considera que China está en condiciones de liderar los cambios tecnológicos con fuertes inversiones sumadas a la gran cantidad de talentos chinos en matemáticas para cerrar la brecha y superar a Estados Unidos. Y afirma que la política restrictiva a la migración impuesta por Donald Trump, Presidente de los Estados Unidos, producirá una disminución en la entrada de talentos a la Unión Americana y esto podría ser aprovechado por China para el desarrollo de la Inteligencia Artificial. Por su parte, el ministro de Ciencia y Tecnología de China, Wan Gang, afirmó durante la reunión parlamentaria del país que las finanzas públicas liderarán el camino en la investigación de IA, incluyendo el desarrollo de supercomputadoras, chips de semiconductores de alto rendimiento, software y la contratación de talentos clave para dirigir la investigación en Inteligencia Artificial.

En Hangzhou, capital de la provincia china de Zhejiang y ciudad que alberga las oficinas de Alibaba, el gigante del comercio online, se ha destinado un importante espacio para dar albergue a los últimos logros de la Inteligencia Artificial. La ciudad atrajo más de 15 plataformas de IA y 90 proyectos innovadores. En el insólito lugar se pueden ver robots que cocinan, bailan y hablan, tecnologías de realidad virtual, plataformas de juego y diversos aparatos de investigación. Los participantes del proyecto señalan que la ciudad tiene una atmósfera perfecta para las investigaciones innovadoras y al mismo tiempo representa un ventajoso activo financiero.

"Creemos que es un buen lugar para atraer a jóvenes talentos e incubar empresas. Esperamos que nuestras tecnologías permitan hacer progresar a toda la industria", dijo Ha Aimin, director adjunto del proyecto.

Estados Unidos y China son las potencias mundiales más adelantadas en la investigación y desarrollo. China es el segundo país que produce más patentes relacionadas con IA sólo superado por Estados Unidos. En China, las universidades, centros de investigación y estudiantes publican más documentos que sus pares estadounidenses. Esto se debe a que los habitantes de China utilizan servicios de consumo electrónico local, cuyos datos deben almacenarse y procesarse localmente. Por su parte, Estados Unidos es líder en tecnología: sus empresas y universidades desarrollaron 75 por ciento de todas las patentes en el campo de Inteligencia Artificial de 2000 a 2016. IBM, Microsoft, Facebook y Qualcomm han sido las empresas con más actividad en este ámbito tecnológico. Estados Unidos alberga el 42 por ciento de las empresas de IA en el mundo

En los próximos años veremos una guerra comercial entre China y los Estados Unidos. En la capa superior de esta guerra figurarán aranceles a productos tradicionales pero en una capa oculta estará la lucha entre Trump y el presidente chino Xi Jinping para controlar y dominar los campos del diseño y la construcción de microprocesadores y el desarrollo de Inteligencia Artificial para mantenerse a la cabeza de innovaciones que pueden tener aplicaciones en temas como vehículos autónomos, recolección de inteligencia en tiempo real y mejoramiento de misiles balísticos de largo alcance, por sólo mencionar algunos campos de aplicación.

La Inteligencia Artificial avanza y sirve como parámetro para medir el liderazgo de las naciones. En julio del 2018 el periódico South China Morning Post publicó la noticia del desarrollo de un submarino de fabricación China dotado con Inteligencia Artificial. Los nuevos sumergibles serán completamente autónomos y se comunicarán periódicamente con la base para actualizar su misión. Las tecnologías avanzadas permitirán al submarino tomar decisiones sobre el cambio de rumbo o la profundidad para eludir los radares enemigos, determinar si tiene al frente a un buque civil o militar, y elegir la ruta más óptima hacia su destino. No ha quedado claro si el submarino tendrá autonomía para tomar la decisión de atacar.

La Inteligencia Artificial en la América Latina

El desarrollo de la IA en la América Latina presenta un importante rezago en comparación con Europa, los Estados Unidos y los países líderes de Asia. Para conocer con mayor precisión la situación de la IA en América Latina, así como sus características y los retos a los que se enfrenta, hemos tomado como referencia el excelente estudio sobre **"El impacto de la Inteligencia Artificial en el emprendimiento"** elaborado por Endeavor en colaboración con everis (Alberto Otero, everis Latam Head of Artificial Intelligence). Aquí presentamos un extracto de sus resultados. Para quienes se interesen en una información más amplia y puntual los exhortamos a consultar el texto completo del estudio que recoge información sobre el estado actual, los principales retos, y el futuro de las más de 240 empresas que han participado. A través de encuestas y entrevistas el reporte recoge información de calidad de 70 proyectos de emprendimiento en Argentina, Brasil, Chile, Colombia, México y Perú. Endeavor y everis merecen un elogio por la realización de este estudio que debe tomarse en cuenta por las empresas y los gobiernos de América Latina para la elaboración de sus planes de desarrollo.

Hoy en día miles de organizaciones usan técnicas de IA como clave de su negocio o como complemento a éste. En cualquier continente está habiendo un boom de emprendimiento alrededor de la IA, en el que propuestas de todo tipo pretenden ayudar a otros negocios o cambiarlos por completo. Actualmente disponemos de mucha información sobre este fenómeno proveniente de EE.UU., Europa y últimamente China, pero desafortunadamente los datos son muy escasos cuando hacemos foco en América Latina. Es por eso que everis y Endeavor realizamos el presente estudio, con el fin de arrojar algo de luz sobre el ecosistema de emprendimiento en IA en los principales países de América Latina.

Nuestra investigación recoge información sobre el estado actual, los principales retos, y el futuro de las más de 240 empresas que han participado. A través de encuestas y entrevistas hemos recogido información de calidad de 70 proyectos de emprendimiento en Argentina, Brasil, Chile, Colombia, México y Perú. Esperamos que este esfuerzo les resulte de interés, y sobretodo contribuya al desarrollo del emprendimiento de IA en América Latina, palanca, bajo nuestro punto de vista, clave en el desarrollo social y económico de la región.

Uno de los principales resultados que arroja el estudio realizado es que la situación del emprendimiento basado en el uso de IA en América Latina se encuentra en etapas tempranas. Nuestro Índice de Nivel de Innovación y Crecimiento de IA (INICIA), calculado a partir de variables como el año de fundación de las empresas, inversión recibida, técnicas de IA utilizadas, entre otras, es del 32%. Así por ejemplo, la mayoría de la empresas son jóvenes (el 63% se fundó hace menos de 6 años) y pequeñas (el 50% de ellas cuenta con entre 1 y 10 empleados directos). Pese a su tamaño, el crecimiento porcentual esperado en generación de ingresos es significativo. En 2017 la empresa media de IA en América Latina vendió 1.1 millones USD, y tiene previsto finalizar el año 2018 con una cifra de negocio de 1.64 millones USD.

Los sectores en los que más se concentra la actividad de las empresas con un alto nivel de especialización en IA en América Latina son la provisión de software y servicios a empresas, aunque hay variedad de compañías dedicadas a la educación, minería, marketing, cadena logística, retail, etc. Para poder desarrollar su actividad en estos mercados, el 60% de las empresas representadas en el estudio ha recibido financiamiento externo de una o varias fuentes (33% de capital semilla, 29% de capital privado, 21% en rondas de financiación de serie A o B, y 17% de angel investors).

La IA es sin duda muy importante para el conjunto de compañías estudiadas, el 65% afirma que este tipo de técnicas forma parte de su core de negocio y la propiedad intelectual que han generado constituye una ventaja competitiva. A este respecto, en el 87% de los casos los desarrollos tecnológicos realizados se apoyan en frameworks de terceros, siendo los más populares Google Tensorflow, Microsoft Cognitive Toolkit y Amazon MXNet. Asimismo, también hay un conjunto de compañías que basan el uso de IA en el consumo de productos también de terceros como Microsoft AI Cognitive Services, Google Cloud AI o IBM Watson.

Actualmente un grupo importante de emprendimiento (30%), se concentra en el desarrollo de chatbots, debido a la demanda y aceptación en el mercado que han tenido últimamente este tipo de aplicaciones. De la mano de ello vemos un uso muy extendido de técnicas como el procesamiento de lenguaje natural (53% de los casos) y conversión de texto a habla (21%), pero también son ampliamente usadas otro tipo de técnicas como la clasificación y predicción (59%), o el reconocimiento de patrones (39%).

Los principales retos que identifican las personas de referencia en los emprendimientos basados en uso de Inteligencia Artificial en América Latina son los siguientes:

- **Escasez de talento especializado en IA.** El mercado de trabajo adolece de profesionales con el tipo de conocimiento técnico necesario para desarrollar estas soluciones.
- **Falta de datos para entrenar la IA.** Dado que buena parte de las técnicas más utilizadas hoy en día en IA requieren de información que permita llevar a cabo el aprendizaje, los emprendedores echan en falta un mayor volumen de datos con los que llevar a cabo dicho aprendizaje.
- **Desconocimiento de IA por parte de clientes.** Otro de los problemas a los que se enfrentan los emprendedores de IA es que sus clientes (tanto empresariales como residenciales) no conocen este tipo de soluciones, generando cierta

desconfianza en cuanto a los productos y servicios propuestos.

• **Dificultad para encontrar fondos.** La mayoría de los encuestados han manifestado que en América Latina encontrar fondos con los que financiar su proyecto resulta demasiado complicado, siendo la base contra la que se compara esencialmente EE.UU.

Pese a los mencionados retos, y a las dificultades inherentes a cualquier emprendimiento, la aplicación de IA en América Latina está in crescendo, con decenas de empresas expandiendo sus operaciones.

En everis y Endeavor creemos que es necesario llevar a cabo acciones desde el mundo empresarial, el sector público y la sociedad civil para apoyar y acelerar el uso de IA en América Latina.

Bajo nuestro punto de vista, cuatro de los ámbitos en los que todos deberíamos trabajar, relacionados con los retos que nos transmiten los emprendedores son:

• **Talento.** Universidades y compañías deberían hacer foco en la generación de las capacidades necesarias para crear soluciones de IA, fomentando la diversidad desde un punto de vista de conocimientos (nos faltan ingenieros, pero también especialistas en experiencia de usuario, lingüistas, etc.).

• **Datos.** El sector privado, y especialmente las administraciones públicas, deberían hacer públicos más conjuntos de datos de ámbitos como salud o educación, con el fin de hacer posible el aprendizaje y por tanto la generación de nuevas soluciones basadas en IA en estos campos.

• **Divulgación.** La sociedad civil, el sector empresarial, y las administraciones públicas de América Latina deberían realizar una labor de difusión y apoyo a la IA, eliminando barreras de adopción e introduciendo temas complejos como el impacto en la actividad laboral o la privacidad de los datos.

- **Financiación.** América Latina debe seguir desarrollando su ecosistema de inversión económica en emprendimientos de IA. Debemos aspirar no sólo a tener los mecanismos financieros y legales para facilitar la inversión en el emprendimiento, sino a que haya un foco adecuado en IA a través de fondos especializados, iniciativas público-privadas y premios específicos.

En general, las empresas de los seis países seleccionados en el estudio (Argentina, Brasil, Chile, Colombia, México y Perú) han observado incrementos en sus ventas. Las empresas de IA de Argentina y Brasil están por encima del promedio de América Latina en el número de ventas en los tres años. En Argentina durante 2017 las empresas de IA generaron ingresos por 3.33 millones de dólares y esperan generar 3.67 millones de dólares en 2018. Por su parte, en Brasil recaudaron 1.75 millones de dólares en 2017 y la proyección para 2018 es de 2.28 millones de dólares. Perú avanza en ventas que consolidará en 2018: llegarán a 2.79 millones de dólares ese año, en comparación con los 0.79 millones de dólares de 2016. Sin embargo, los países que se encuentran por debajo de la media son México, Chile y Colombia. No obstante, las empresas de IA de estas tres últimas naciones, cada una por separado, esperan superar el millón de dólares en 2018.

Pese a todo el trabajo que nos queda por hacer, el emprendimiento basado en el uso de IA en América Latina tiene un claro potencial a futuro. Esperamos que empresas como Aivo (Argentina), Arara (Chile), Beepharma (Colombia), Direct. One (Brasil), **Nimblr (México)** y Xertica (Perú) tengan el éxito que se merecen.

Everis (la empresa escribe everis, con minúscula) es una empresa de consultoría multinacional de origen español que trabaja en proyectos de desarrollo de negocio, estrategia de negocio, mantenimiento de aplicaciones tecnológicas y outsourcing. El grupo empresarial cubre los sectores de telecomunicaciones, entidades financieras, industria, utilities &

energía, banca, seguros, administraciones públicas y sanidad. Fue fundada en Madrid en 1996 como la filial en España de DMR Consulting. En 2006, tras la compra por parte de los directivos del 100% de capital de la compañía a Fujitsu, realizada en 2006, se cambia el nombre a everis. En la actualidad everis opera en quince países del mundo y cuenta con una plantilla de unos 18 000 trabajadores.

Establecida en 1997, **Endeavor** lidera el movimiento de emprendimiento de Alto Impacto a nivel global y promueve el crecimiento económico y la creación de empleos al seleccionar, mentorear y acelerar a los mejores emprendedores de alto impacto en el mundo. A la fecha, Endeavor ha evaluado a más de 50,000 emprendedores y seleccionado a más de 1,500 individuos que lideran más de 900 empresas de gran crecimiento. Con el apoyo de la red global de mentores Endeavor, estos Emprendedores de Alto Impacto han creado más de 650,000 empleos, han generado más de $10 mil millones de dólares en ingresos en 2016 e inspiran a futuras generaciones a innovar y tomar riesgos. Con sede en la ciudad de Nueva York, Endeavor opera en 30 países alrededor del mundo.

El caso de Nimblr

Uno de los proyectos de emprendimiento que han destacado en México en el campo de la Inteligencia Artificial es Nimblr, empresa creada por Juan Vera, Andrés Rodríguez, David Jiménez y Silvanna Valencia cuyo objetivo es ayudar a mejorar la atención médica. La misión de Nimblr es mejorar el consultorio de los médicos para hacerlo más eficiente e innovador. El sistema de IA permite la conversación con los pacientes vía mensajes de texto (por ejemplo SMS) y voz (por ejemplo Amazon Alexa) para confirmar y re-agendar citas, crear listas de espera y ofrecer a los pacientes los espacios disponibles por cancelaciones de último momento. Para conocer mejor a Nimblr resulta interesante revisar la entrevista que AMEXCAP (Asociación Mexicana de Capital Privado) hizo a Juan Vera, socio cofundador y CEO de Nimblr:

¿A qué se dedica Nimblr.ai?

Nimblr.ai es una plataforma de comunicación de Inteligencia Artificial donde creamos un asistente virtual que se llama "Holly". Holly es una asistente especializada en manejar todo el ciclo de vida de las citas médicas; la forma en que ella trabaja es muy similar a un asistente humano donde se conecta o lee un calendario de citas como Google Calendar u otro sistema de agenda médica. A partir de las citas registradas, Holly establece conversaciones de texto con los pacientes en el lenguaje natural, como si fuera una persona.

Holly es capaz de hacer una cita y todo el seguimiento de confirmación, cancelación, y re-agendamiento. También recupera pacientes que no asisten a las citas y les solicita retroalimentación en caso de abandono del tratamiento. Agregamos valor a las prácticas médicas mejorando la comunicación con los pacientes actualizando en línea todas las actividades de su agenda médica. La importancia de lo que hace Holly es que las citas en la industria de la salud representan la fuente de ingreso del sistema y por falta de comunicación muchas citas se pierden, ya sea porque al paciente se le olvida o necesita re-agendar o al contrario, el doctor tiene una emergencia que modifica su agenda. Esta falta de comunicación genera pérdidas millonarias a la industria y es un problema que estamos resolviendo automatizando el proceso. Maximizamos el ingreso de los consultorios médicos generando mayor ocupación y mejoramos la experiencia del paciente brindando un servicio fácil y amigable, donde ellos mediante mensajes de texto pueden controlar y administrar sus citas. Adicionalmente generamos eficiencias y estandarizamos el proceso de gestión y control de las citas ahorrando muchas horas de seguimiento telefónico.

¿Nos podrías contar como nace la idea de crear Nimblr.ai?

Hace poco más de 2 años, el mismo grupo de fundadores de Nimblr trabajábamos en BlueMessaging que es una plataforma de chatbots. Tratando de expandir el negocio a USA hicimos un proyecto con el MIT para investigar cuáles eran los nichos de mercado más atractivos para aplicar nuestra tecnología. El resultado arrojó que la industria de Healthcare en Estados Unidos estaba bajo transformación y tenía áreas de oportunidad muy importantes en la comunicación con pacientes, allí nació la idea, aunque no podíamos ejecutarla en ese momento pues era un producto y empresa diferente. Dos años después con el propósito de construir una empresa global decidimos dar el salto y crear una compañía totalmente nueva con el apoyo de inversionistas. Así nacieron Nimblr.ai y Holly.

¿Cómo está conformado tu equipo de fundadores?

Somos cuatro Co-fundadores, dos hackers y dos del lado de negocio quienes venimos trabajando juntos por más de seis años. El CTO de la compañía es Andrés Rodríguez, él es un investigador de la Universidad de Stanford quien trabajó por más de 10 años en el departamento de Inteligencia Artificial del SIRI. El VP de Ingeniería es David Jiménez. La VP de LATAM es Silvana Valencia y yo soy el CEO de la compañía. Los Co-fundadores de Nimblr.ai en conjunto tenemos 5 compañías fundadas con tres salidas exitosas y estamos convencidos que Nimblr será la cuarta.

¿En qué momento decides buscar a un fondo para apoyar a Nimblr.ai?

Desde el momento cero nos dimos cuenta que teníamos una ventana de oportunidad corta para penetrar con nuestra tecnología en el espacio de Healthcare en Estados unidos y en Latinoamérica y que necesitaríamos recursos suficientes para capturarla rápido y tener margen de equivocación, así que desde que nació la compañía fue diseñada para atraer inversionistas. Iniciamos con capital ángel para la construcción del producto y las validaciones de mercado y después trajimos capital institucional de fondos de México.

¿Cuáles han sido los movimientos claves para hacer crecer tu empresa?

Existen varios aspectos, el primero es el estratégico, tener muy claro el mercado donde quieres jugar y qué necesitas para ganar en ese espacio. En nuestro caso decidimos que solo queríamos participar de la industria de salud a pesar de que existen otras industrias interesantes basadas en citas. Tener foco es clave para lograr un crecimiento rápido. El segundo es el enfoque en producto y tecnología. Somos fundamentalmente una compañía de producto, nos hemos dedicado a entender las necesidades de nuestros usuarios y brindarles la mejor experiencia administrando su agenda médica. Holly es nuestro mejor vendedor porque lo hacemos al través de pruebas gratuitas y también es el eje de la escalabilidad del negocio pues se instala con solo dos clics. Y el tercero es desarrollar modelos de adquisición de usuarios viables y escalables en el mercado más importante que es Estados Unidos. En esta etapa nos encontramos ahora.

¿Cuánto tiempo te tomó acercarte al fondo y que el fondo decidiera entrar a tu empresa?

El ciclo completo fue entre cinco y seis meses, trabajamos inicialmente con On ventures quien después nos apoyó liderando la ronda con los demás fondos.

¿Cuáles son los aspectos claves de ti y de tu empresa que consideras convencieron al fondo para invertir en ustedes?

Creo es una pregunta más para ellos, pero si pienso como inversionista, veo que somos equipo de fundadores que tiene un track record de ejecución de varias compañías exitosas. Participamos en un mercado de gran escala y fragmentado donde somos competitivos como lo es Healthcare en Estados Unidos y Latinoamérica. Y contamos con un producto disruptivo, que resuelve un problema relevante como el de las citas médicas, con el cual estamos creando propiedad intelectual y diferenciándonos en el mercado.

¿Cuáles son las acciones que ha tomado el fondo que sientes que más han apoyado en crecimiento de la empresa?

Los fondos tienen una visión más holística del mercado, competencia, tendencias, comparables, sinergias con otras compañías etc. que la que tienes como emprendedor. Yo tengo tres fondos que son On Ventures, Ideas y Capital e Innova Salud y los tres me agregan alto valor estratégico con énfasis diferentes. De otro lado cuando tienes inversionistas institucionales te fija metas corporativas incluso más ambiciosas a las que podrías tener como persona. Nuestros socios creen en nosotros, porque queremos construir un gran negocio y quieren multiplicar la rentabilidad de su inversión y porque también piensan en grande. Lo que te obliga a trabajar en esa misma dirección y sacar lo mejor de ti. También es muy relevante su rol consejeros, en esta parte me siento feliz con mis inversionistas.

¿Hasta ahora cuál ha sido el logro más importante que ha alcanzado tu empresa?

Operar desde el inicio en USA y Latinoamérica. Somos una startup que tiene menos de un año de fundada con equipos en ambos países, comenzamos la etapa de ventas apenas hace cinco meses, pero el hecho de ya tener usuarios y participación en ambos mercados nos parece un logro muy relevante.

¿Cuál es la visión a largo plazo para tu empresa?

Queremos trasformar la comunicación entre pacientes y profesionales de la salud haciendo de Holly la mejor asistente para las prácticas médicas. Nuestro objetivo es ser una compañía que en los próximos cinco años facture más de 100 millones de dólares y que tenga más de 150 mil usuarios.

Del estudio realizado por everis y la entrevista a Nimblr resulta evidente que la Inteligencia Artificial representa una importante oportunidad para desarrolladores de software, empresas de IA y usuarios de sistemas de Inteligencia Artificial entre los que destaca la banca, el sector médico, el comercio, el servicio al cliente, los operadores del mercado bursátil, el ejército y muchas actividades más. También representa una oportunidad para las universidades y centros de investigación. Y, por supuesto, para los países que han puesto la mira en la Inteligencia Artificial.

Como colofón de este apartado podemos anotar que América Latina necesita acelerar el paso mediante una política pública dotada de suficientes recursos económicos para impulsar la investigación y la innovación en Inteligencia Artificial integrando en este esfuerzo a estudiantes, universidades, emprendedores, desarrolladores, empresas, usuarios y el gobierno mismo. En la medida en que se logre crear una sinergia entre los diferentes actores se creará un círculo virtuoso y sus beneficios se extenderán no solamente a los actores de esta gran revolución de la tecnología sino a toda la sociedad. Y, por supuesto, estos mismos actores tendrán que coordinar su esfuerzo para controlar a la Inteligencia Artificial a fin de que no se salga de su cauce y se desborde como rio impetuoso.

-5-

TÉCNICAS DE LA IA

Una técnica (del griego, τέχνη tékhnē 'arte, técnica, oficio') es un procedimiento o conjunto de reglas, normas o protocolos que tiene como objetivo obtener un resultado determinado y efectivo, ya sea en el campo de las ciencias, de la tecnología, del arte, del deporte, de la educación o en cualquier otra actividad. Es también un conjunto de actividades basadas en la aplicación práctica de los métodos y de los conocimientos relativos a las diversas ciencias, en especial cuando supone la utilización de máquinas o la aplicación de métodos específicos.

La Inteligencia Artificial se ha nutrido de diferentes técnicas que han fortalecido su desarrollo. Estas técnicas se usan de manera individual para construir un sistema o bien se integran en un sistema más complejo. A continuación revisaremos algunas de las más importantes técnicas que le dan sustento a la IA y están colocando los cimientos de la Inteligencia Artificial Total.

Aprendizaje automático. (Machine learning).

Una de las técnicas más poderosas de la Inteligencia Artificial es el Aprendizaje automático que tiene un amplio abanico de aplicaciones en los motores de búsqueda, diagnósticos médicos, detección de fraude en el uso de tarjetas de crédito, análisis del mercado de valores, clasificación de secuencias de ADN, reconocimiento del habla y del lenguaje escrito, juegos, robótica y muchas más.

El Aprendizaje automático es una técnica de análisis de datos que enseña a las computadoras a hacer lo que resulta natural para las personas y los animales. Esto es, aprender de la experiencia. Los algoritmos de Aprendizaje automático emplean métodos de cálculo para "aprender" información directamente de los datos sin depender de una ecuación predeterminada como modelo. Los algoritmos mejoran su rendimiento de forma adaptativa a medida que aumenta el número de muestras disponibles para el aprendizaje.

El objetivo del Aprendizaje automático es desarrollar procedimientos que permitan a las computadoras aprender por sí mismas. De forma más concreta, se trata de crear programas capaces de generalizar comportamientos a partir de una información suministrada en forma de ejemplos. Es, por lo tanto, un proceso de inducción del conocimiento. En muchas ocasiones el campo de actuación del Aprendizaje automático se traslapa con el de la estadística computacional, ya que las dos disciplinas se basan en el análisis de datos. Sin embargo, el Aprendizaje automático también se centra en el estudio de la complejidad computacional de los problemas. Muchos problemas son de clase NP-hard, por lo que gran parte de la investigación realizada en Aprendizaje automático está enfocada al diseño de soluciones factibles a esos problemas. El Aprendizaje automático puede ser visto como un intento de automatizar algunas partes del método científico mediante métodos matemáticos.

En teoría de la complejidad computacional el tipo de complejidad **NP-hard** también conocido como NP-complejo o NP-difícil es el conjunto de los problemas de decisión que contiene los problemas H tales que todo problema L en NP puede ser transformado polinomialmente en H. Esta clase puede ser descrita como aquella que contiene a los problemas de decisión que son como mínimo tan difíciles como un problema de NP. Esta afirmación se justifica porque si podemos encontrar un algoritmo A que resuelve uno de los problemas H de NP-hard en tiempo polinómico, entonces es posible construir un algoritmo que trabaje en tiempo polinómico para cualquier problema de NP ejecutando primero la reducción de este problema en H y luego ejecutando el algoritmo A.

El ser humano realiza el Aprendizaje automático de manera natural desde el momento de su nacimiento y quizá aun antes de nacer. Lo hace sin la necesidad de tomar conciencia. Desde que nace hasta que muere lleva al cabo diferentes procesos para adquirir conocimientos, para analizar y evaluar a través de métodos y técnicas así como también por medio de la experiencia propia. Sin embargo, a las máquinas hay que indicarles cómo aprender, ya que si no se logra que una máquina sea capaz de desarrollar sus habilidades, el proceso de aprendizaje no se estará llevando al cabo, sino que sólo será una secuencia repetitiva. También debemos tener en cuenta que el tener conocimiento o el hecho de realizar bien el proceso de Aprendizaje automático no implica que se sepa utilizar, es preciso saber aplicarlo en las actividades cotidianas, y un buen aprendizaje también implica saber cómo y cuándo utilizar nuestros conocimientos.

El Aprendizaje automático es uno de los principales cimientos que le dan apoyo a la gran estructura de la IA. Se basa en un conjunto de algoritmos agrupados en una taxonomía o clasificación de acuerdo con la función de salida de los mismos. Estos son algunos tipos de algoritmos:

Un algoritmo (del griego y latín, dixit algorithmus y quizá también con influencia del nombre del matemático persa Al-Juarismi) es un conjunto prescrito de instrucciones o reglas bien definidas, ordenadas y finitas que permite llevar a cabo una actividad mediante pasos sucesivos que no generen dudas a quien deba hacer dicha actividad ya sea un ser humano o una máquina.

Aprendizaje supervisado. El algoritmo produce una función que establece una correspondencia entre las entradas y las salidas deseadas del sistema. Un ejemplo de este tipo de algoritmo es el problema de clasificación, donde el sistema de aprendizaje trata de etiquetar (clasificar) una serie de vectores utilizando una entre varias categorías o clases. La base de conocimiento del sistema está formada por ejemplos de etiquetados anteriores. Este tipo de aprendizaje puede llegar a ser muy útil en problemas de investigación biológica, biología computacional y bioinformática.

Aprendizaje no supervisado. Todo el proceso de modelado se lleva a cabo sobre un conjunto de ejemplos formado tan sólo por entradas al sistema. No se tiene información sobre las categorías de esos ejemplos. Por lo tanto, en este caso, el sistema tiene que ser capaz de reconocer patrones para poder etiquetar las nuevas entradas.

Aprendizaje semisupervisado. Este tipo de algoritmos combinan los dos algoritmos anteriores para poder clasificar de manera adecuada. Se tienen en cuenta los datos marcados y los no marcados.

Aprendizaje por refuerzo. El algoritmo aprende observando el mundo que le rodea. Su información de entrada es el feedback o retroalimentación que obtiene del mundo exterior como respuesta a sus acciones. Por lo tanto, el sistema aprende a base de ensayo-error. El aprendizaje por refuerzo es el más general entre las tres categorías. En vez de que un instructor indique al agente qué hacer, el agente inteligente debe aprender cómo se comporta el entorno mediante recompensas (refuerzos) o castigos, derivados del éxito o del fracaso respectivamente. El objetivo principal es aprender la función de valor que le ayude al agente inteligente a maximizar la señal de recompensa y así optimizar sus políticas de tal modo que permita comprender el comportamiento del entorno y tomar buenas decisiones para el logro de sus objetivos formales.

Transducción. Similar al aprendizaje supervisado, pero no construye de forma explícita una función. Trata de predecir las categorías de los futuros ejemplos basándose en los ejemplos de entrada, sus respectivas categorías y los ejemplos nuevos al sistema.

Aprendizaje multi-tarea. Métodos de aprendizaje que usan conocimiento previamente aprendido por el sistema de cara a enfrentarse a problemas parecidos a los ya vistos.

Con el aumento de la información disponible el Aprendizaje automático se ha convertido en una técnica clave para resolver problemas en áreas tales como:

- **Finanzas computacionales**: para la calificación crediticia y el trading algorítmico
- **Procesamiento de imágenes y visión artificial**: para el reconocimiento facial, la detección de movimiento y la detección de objetos
- **Biología computacional**: para la detección de tumores, el descubrimiento de fármacos y la secuenciación del ADN
- **Producción de energía**: para la previsión de la carga y el precio
- Automoción, sector aeroespacial y fabricación: para el mantenimiento predictivo

Big data. (Macrodatos).

Generalmente se usa el nombre en inglés de Big data para describir el procesamiento de datos masivos o datos a gran escala. Es un concepto que hace referencia a un conjunto de datos tan grandes que aplicaciones Informáticas tradicionales de procesamiento de datos no son suficientes para tratar con ellos y los procedimientos usados para encontrar patrones repetitivos dentro de esos datos. Aunque el tamaño utilizado para determinar si un conjunto de datos determinado se considera Big data no está firmemente definido y sigue cambiando con el tiempo, la mayoría de los analistas y profesionales actualmente se refieren a conjuntos de datos que van desde 30-50 Terabytes a varios Petabytes.

Terabyte (TB) es una unidad de información adoptada en 1960. El prefijo tera- viene del griego τέρας, que significa «monstruo» o «bestia» equivalente a 10(12) (1 000 000 000 000 —un billón—) de bytes.

Petabyte (PB) es una unidad de almacenamiento de información equivalente a 10(15) bytes = 1 000 000 000 000 000 de bytes. El prefijo peta viene del griego πέντε, que significa cinco, pues equivale a 1000(5) o 10(15). También está basado en el modelo de tera, que viene del griego «monstruo».

Lo que hace que Big data sea tan útil para muchas empresas es el hecho de que proporciona respuestas a muchas preguntas que las empresas ni siquiera sabían que tenían. En otras palabras, proporciona un punto de referencia. Con una cantidad tan grande de información, los datos pueden ser moldeados o probados de cualquier manera que la empresa considere adecuada. Al hacerlo, las organizaciones son capaces de identificar los problemas de una forma más comprensible y exacta.

El Big data permite que la Inteligencia Artificial ya no sea ciencia ficción en la medida en que el procesamiento de grandes volúmenes de datos permite la toma acertada de decisiones. La recopilación de grandes cantidades de datos y la búsqueda de tendencias dentro de los datos permiten que las empresas se muevan mucho más rápidamente, sin problemas y de manera eficiente. El análisis de Big data ayuda a las organizaciones a aprovechar sus datos y utilizarlos para identificar nuevas oportunidades. Eso, a su vez, conduce a movimientos de negocios más inteligentes, operaciones más eficientes, mayores ganancias y clientes más felices. Las empresas que han logrado obtener más éxito con Big data consiguen valor de las siguientes formas:

- **Reducción de costos**. Las grandes tecnologías de datos, como Hadoop y el análisis basado en la nube, aportan importantes ventajas en términos de costos cuando se trata de almacenar grandes cantidades de datos, además de identificar maneras más eficientes de hacer negocios.

- **Más rápido, mejor toma de decisiones**. Con la velocidad de Hadoop y la analítica en memoria, combinada con la capacidad de analizar nuevas fuentes de datos, las empresas pueden analizar la información inmediatamente y tomar decisiones basadas en lo que han aprendido.

- **Nuevos productos y servicios**. Con la capacidad de medir las necesidades de los clientes y la satisfacción a través de análisis viene el poder de dar a los clientes lo que quieren. Con la analítica de Big data, más empresas están creando nuevos productos para satisfacer con más precisión y personalización las necesidades de los clientes.

Existen varias herramientas para el procesamiento de Big data. Algunos ejemplos incluyen Hadoop, NoSQL, Cassandra, Inteligencia empresarial, Aprendizaje automático y MapReduce. Estas herramientas tratan con algunos de los tres tipos de Big data:

- **Datos estructurados**: datos que tienen bien definidos su longitud y su formato, como las fechas, los números o las cadenas de caracteres. Se almacenan en tablas. Un ejemplo son las bases de datos relacionales y los almacenes de datos.

- **Datos no estructurados**: datos en el formato tal y como fueron recolectados, carecen de un formato específico. No se pueden almacenar dentro de una tabla ya que no se puede desgranar su información a tipos básicos de datos. Algunos ejemplos son los PDF, documentos multimedia, correos electrónicos o documentos de texto.

- **Datos semiestructurados**: datos que no se limitan a campos determinados, pero que contienen marcadores para separar los diferentes elementos. Es una información poco regular como para ser gestionada de una forma estándar. Estos datos poseen sus propios metadatos semiestructurados que describen los objetos y las relaciones entre ellos, y pueden acabar siendo aceptados por convención. Como ejemplos tenemos los archivos tipo hoja de cálculo, HTML, XML o JSON.

¿Cuál es la fuente de donde provienen todos estos datos? El ser humano los genera todos los días y además se producen en todo tipo de aparato que tiene la capacidad de generar, almacenar y comunicar información. Un iPhone hoy en día tiene más capacidad de cómputo que la NASA cuando el hombre llegó a la Luna, de tal manera que la cantidad de datos generados por persona y en unidad de tiempo es muy grande.

Catalogamos la procedencia de los datos según las siguientes categorías:

- **Generados por las personas**: el hecho de enviar correos electrónicos o mensajes por WhatsApp, publicar un estado en facebook, tuitear contenidos o responder a una encuesta por la calle son cosas que hacemos a diario y que crean nuevos datos y metadatos que pueden ser analizados. Se estima que cada minuto al día se envían más de 200 millones de correos electrónicos, se comparten más de 700 000 piezas de contenido en Facebook, se realizan dos millones de búsquedas en Google o se editan 48 horas de vídeo en YouTube. Por otro lado, las trazas de utilización en un sistema ERP, incluir registros en una base de datos o introducir información en una hoja de cálculo son otras formas de generar estos datos.

- **Transacciones de datos**: la facturación, las llamadas o las transacciones entre cuentas generan información que tratada puede generar datos relevantes. Un ejemplo más claro lo encontramos en las transacciones bancarias: lo que el usuario conoce como un ingreso de X euros, la computación lo interpretará como una acción llevada a cabo en una fecha y momento determinado, en un lugar concreto, entre unos usuarios registrados, y más metadatos.

- **Marketing electrónico y web**: se genera una gran cantidad de datos cuando se navega por Internet. Con la web 2.0 se ha roto el paradigma webmaster-contenido-lector y los mismos usuarios se convierten en creadores de contenido gracias a su interacción con el sitio. Existen muchas herramientas de seguimiento utilizadas en su mayoría con fines de mercadotecnia y análisis de negocio. Los movimientos del ratón quedan grabados en mapas de calor y queda registro de cuánto pasamos en cada página y cuándo las visitamos. Recientemente facebook admitió que registra y procesa los movimientos del ratón en sus páginas.

- **Máquina a máquina** (machine to machine, M2M): son las tecnologías que comparten datos con dispositivos:

medidores, sensores de temperatura, de luz, de altura, de presión, de sonido, etc. que transforman las magnitudes físicas o químicas y las convierten en datos. Existen desde hace décadas, pero la llegada de las comunicaciones inalámbricas (Wi-Fi, Bluetooth, RFID) ha revolucionado el mundo de los sensores. Algunos ejemplos son los GPS en la automoción o los sensores de signos vitales en la medicina.

- **Biométrica**: Es el conjunto de datos que provienen de la seguridad, defensa y servicios de inteligencia. Son datos generados por lectores biométricos como escáneres de retina, de huellas digitales o lectores de cadenas de ADN. El propósito de estos datos es proporcionar mecanismos de seguridad. Suelen estar custodiados por los ministerios de defensa y de inteligencia. Un ejemplo de aplicación es el cruce de ADN entre una muestra de un crimen y una muestra en nuestra base de datos.

El siguiente objetivo es hacer que los datos se recojan en un mismo lugar y darles un formato. Aquí entran en juego las plataformas para extraer, transformar y cargar (ETL). Su propósito es extraer los datos de las diferentes fuentes y sistemas, para después hacer transformaciones (conversiones de datos, limpieza de datos sucios, cambios de formato) y finalmente cargar los datos en la base de datos o el almacén de datos especificado. Una dificultad adicional es asegurar que los datos que se cargan sean relativamente consistentes. Las múltiples bases de datos de origen tienen diferentes ciclos de actualización (algunas pueden ser actualizadas cada pocos minutos, mientras que otras pueden tardar días o semanas). En un sistema de ETL será necesario que se puedan detener ciertos datos hasta que todas las fuentes estén sincronizadas. Del mismo modo, cuando un almacén de datos tiene que ser actualizado con los contenidos en un sistema de origen, es necesario establecer puntos de sincronización y de actualización.

ETL son las siglas en inglés de Extraer, Transformar y Cargar (Extract, Transform and Load). Es el proceso que permite a las organizaciones mover datos desde múltiples fuentes, reformatearlos, limpiarlos y cargarlos en otra base de datos para analizar o, en otro sistema operacional, para apoyar un proceso de negocio.

El siguiente paso es el análisis para convertir los datos en información. Este análisis es tan importante que ha dado lugar al nacimiento de una herramienta especial denominada Analítica que combina métodos de estadística, investigación, aprendizaje de máquina y algunas disciplinas tales como la psicología. Las ideas proporcionan información para la organización y toma de decisiones. Por contraste, el ya más tradicional concepto de inteligencia de negocio tiende a referirse a la extracción de información, la elaboración de informes, y la provisión de alertas en conexión con el problema aplicado de interés. En el ámbito de análisis político, los datos han llevado al desarrollo tecnológico y científico.

Aprendizaje profundo. (Deep learning).

Es un conjunto de algoritmos de clase pertenecientes al Aprendizaje automático que intenta modelar abstracciones de alto nivel en datos usando arquitecturas compuestas de transformaciones no lineales múltiples. El Aprendizaje profundo es parte de un conjunto más amplio de métodos de Aprendizaje automático basados en asimilar representaciones de datos. La observación de algo, por ejemplo, una imagen, puede ser representada en muchas formas (como un vector de píxeles), pero algunas representaciones hacen más fácil aprender tareas de interés (por ejemplo, "¿Es esta imagen una cara humana?") sobre la base de ejemplos, y la investigación en este área intenta definir qué representaciones son mejores y cómo crear modelos para reconocer estas representaciones. Varias arquitecturas de Aprendizaje profundo, como Redes neuronales profundas, Redes neuronales profundas convolucionales, y Redes de creencia profundas, han sido aplicadas a campos como visión por computadora, reconocimiento automático del habla, y reconocimiento de señales de audio y música, y han mostrado producir resultados de vanguardia en varias tareas.

El Aprendizaje profundo es un concepto de difícil comprensión cuando se explica en términos demasiado científicos, así que es mejor acercarse a un experto en este campo, pedirle y agradecerle que lo defina en palabras más asequibles: **Augusto Vega** Originario de Argentina, investigador permanente de los laboratorios IBM T. J. Watson de Nueva York y experto en arquitecturas de sistemas para aplicaciones de Aprendizaje profundo e Inteligencia Artificial: "El Aprendizaje profundo es un campo perteneciente a la Inteligencia Artificial cuyo objetivo es el estudio y construcción de sistemas de cómputo capaces de "aprender" a partir de la experiencia, inspirándose ligeramente en algunos principios del funcionamiento del cerebro animal. En general, estos sistemas deben ser entrenados a partir de ejemplos conocidos, de manera similar en la que se le enseña a un niño pequeño a reconocer objetos o sonidos a su alrededor (se señala un árbol y se le dice "eso es un árbol"; o se escucha el ruido de un tren y se le dice "eso es un tren"). A este tipo de Aprendizaje automático se le llama "profundo" porque presenta una estructura jerárquica que extrae diferentes niveles de detalle de los datos en cuestión. Por ejemplo, durante el reconocimiento de imágenes se extraen bordes que, combinados, permiten detectar contornos, que a su vez permiten reconocer diferentes partes del objeto, para finalmente determinar su identidad".

Mientras que los algoritmos tradicionales de Aprendizaje automático son lineales, los algoritmos de Aprendizaje profundo se apilan en una jerarquía de creciente complejidad y abstracción. Para entender el Aprendizaje profundo imagine a un niño cuya primera palabra es "perro". El niño aprende lo que es (y lo que no es) un perro señalando objetos y diciendo la palabra "perro". El padre dice "Sí, eso es un perro" o "No, eso no es un perro". Mientras el niño continúa apuntando a los objetos, se vuelve más consciente de las características que poseen todos los perros. Lo que el niño hace, sin saberlo, es aclarar una abstracción compleja (el concepto de perro) construyendo una jerarquía en la que cada nivel de abstracción se crea con el conocimiento que se obtuvo de la capa precedente de la jerarquía.

Los programas informáticos que utilizan el Aprendizaje profundo pasan por el mismo proceso. Cada algoritmo en la jerarquía aplica una transformación no lineal en su entrada y utiliza lo que aprende para crear un modelo estadístico como salida. Las iteraciones continúan hasta que la salida ha alcanzado un nivel de precisión aceptable. El número de capas de procesamiento a través de las cuales los datos deben pasar es lo que inspiró la etiqueta de profundidad ("deep").

El Aprendizaje profundo se basa en una clase de algoritmos ideados para el Aprendizaje automático. A partir de este punto común, diferentes publicaciones se centran en distintas características, como por ejemplo:

- **Usar una cascada de capas con unidades de procesamiento no lineal** para extraer y transformar variables. Cada capa usa la salida de la capa anterior como entrada. Los algoritmos pueden utilizar aprendizaje supervisado o aprendizaje no supervisado y las aplicaciones incluyen modelización de datos y reconocimiento de patrones.
- **Estar basados en el aprendizaje de múltiples niveles** de características o representaciones de datos. Las características de más alto nivel se derivan de las características de nivel inferior para formar una representación jerárquica.
- **Aprender múltiples niveles de representación** que corresponden con diferentes niveles de abstracción. Estos niveles forman una jerarquía de conceptos.

Todas estas maneras de definir el Aprendizaje profundo tienen en común múltiples capas de procesamiento no lineal y el aprendizaje supervisado o no supervisado de representaciones de características en cada capa. Las capas forman una jerarquía de características desde un nivel de abstracción más bajo a uno más alto. Los algoritmos de Aprendizaje profundo contrastan con los algoritmos de aprendizaje poco profundo por el número de transformaciones aplicadas a la señal mientras se propaga desde la capa de entrada a la capa de salida. Cada una de estas transformaciones incluye parámetros que se pueden entrenar como pesos y umbrales. No existe un estándar de facto para el número de transformaciones (o capas) que convierte a un algoritmo en profundo, pero la mayoría de investigadores en el campo considera que Aprendizaje profundo implica más de dos transformaciones intermedias.

El Aprendizaje profundo está presente de manera muy amplia (y en algunos casos, inimaginable) en nuestro día a día. Los predictores de palabras en los teléfonos móviles, los asistentes virtuales como Apple Siri, la traducción de texto entre diferentes idiomas, y el reconocimiento automático de objetos y personas en fotografías en redes sociales son algunos ejemplos conocidos.

Redes neuronales artificiales. (ANN).

Su nombre es impresionante y su objetivo también porque en esencia se origina en la idea de imitar el funcionamiento de las Redes neuronales de los organismos vivos. Esto es, un conjunto de neuronas conectadas entre sí y que trabajan en conjunto, sin que haya una tarea concreta para cada una. Con la experiencia, las neuronas van creando y reforzando ciertas conexiones para "aprender" algo que se queda fijo en el tejido. En inglés: **Artificial neural networks. (ANN)**

Las neuronas (del griego νεῦρον neûron, 'cuerda', 'nervio') son un tipo de células del sistema nervioso cuya función principal es la excitabilidad eléctrica de su membrana plasmática. Están especializadas en la recepción de estímulos y conducción del impulso nervioso (en forma de potencial de acción) entre ellas o con otros tipos de células como por ejemplo, las fibras musculares de la placa motora. Altamente diferenciadas, la mayoría de las neuronas no se dividen una vez alcanzada su madurez, aunque se ha comprobado que una minoría sí lo hace.

Hacia 1943, **Warren McCulloch y Walter Pitts** crearon un modelo informático para Redes neuronales basado en las matemáticas y algoritmos denominados lógica de umbral. Este modelo señaló el camino para que la investigación de Redes neuronales se divida en dos enfoques distintos. Un enfoque centrado en los procesos biológicos en el cerebro y el otro se centró en la aplicación de Redes neuronales para la Inteligencia Artificial.

Se estima que en el cerebro hay aproximadamente 100 mil millones de neuronas en la corteza cerebral y que forman un entramado de más de 500 billones de conexiones neuronales (una neurona puede llegar a tener 100 mil conexiones, aunque la media se sitúa entre 5,000 y 10,000 conexiones).

Las Redes neuronales o sistemas conexionistas son un modelo computacional basado en un gran conjunto de unidades neuronales simples (neuronas artificiales), de forma aproximadamente análoga al comportamiento observado en los axones de las neuronas en los cerebros biológicos. Cada unidad neuronal está conectada con muchas otras y los enlaces entre ellas pueden incrementar o inhibir el estado de activación de las neuronas adyacentes. Cada unidad neuronal, de forma individual, opera empleando funciones de suma. Puede existir una función limitadora o umbral en cada conexión y en la propia unidad, de tal modo que la señal debe sobrepasar un límite antes de propagarse a otra neurona. **Estos sistemas aprenden y se forman a sí mismos**, en lugar de ser programados de forma explícita, y sobresalen en áreas donde la detección de soluciones o características es difícil de expresar con la programación convencional. Suelen consistir en varias capas o un diseño de cubo, y la ruta de la señal atraviesa de adelante hacia atrás. Propagación hacia atrás es donde se utiliza la estimulación hacia adelante o en el "frente" para restablecer los pesos de las unidades neuronales y esto, a veces, se realiza en combinación con una formación en la que se conoce el resultado correcto. Las Redes neuronales modernas son un poco más libres en el sentido de que fluye en términos de estimulación e inhibición con conexiones que interactúan de una manera mucho más caótica y compleja.

Las Redes neuronales dinámicas son la manera más avanzada en que se pueden formar dinámicamente nuevas conexiones e incluso nuevas unidades neuronales. Su función es resolver los problemas de la misma manera que el cerebro humano, aunque **las Redes neuronales son más abstractas**. Los proyectos de redes neuronales modernas suelen trabajar desde unos miles hasta unos pocos millones de unidades neuronales y millones de conexiones que, si bien son muchas órdenes, siguen siendo de una magnitud menos compleja que la del cerebro humano, más bien cercana a la potencia de cálculo de una lombriz. Sin embargo, su rápido desarrollo ha permitido que las Redes neuronales artificiales alcancen mayor potencia. Con el tiempo se esperaría una capacidad semejante a la que tiene un vertebrado y mucho más adelante imitar al ser humano.

Nuevas investigaciones sobre el cerebro a menudo estimulan nuevos patrones en las Redes neuronales. Un nuevo enfoque está utilizando conexiones que se extienden mucho más allá y capas de procesamiento de enlace en lugar de estar siempre localizado en las neuronas adyacentes. Otra investigación está estudiando los diferentes tipos de señal en el tiempo que los axones se propagan, como el Aprendizaje profundo, interpola una mayor complejidad que un conjunto de variables booleanas que tienen solamente dos estados: encendido o apagado.

Las Redes neuronales se basan en los números reales, con el valor del núcleo y del axón **siendo típicamente una representación entre 0 y 1**. Un aspecto interesante de estos sistemas es que son impredecibles en su éxito con el auto-aprendizaje. Después del entrenamiento, algunos se convierten en grandes solucionadores de problemas y otros no funcionan tan bien. Con el fin de capacitarlos, se necesitan varios miles de ciclos de iteración. Las Redes neuronales se han utilizado para resolver una amplia variedad de tareas, como la **visión por computadora y el reconocimiento de voz**, que son difíciles de resolver usando la programación ordinaria basada en reglas. Históricamente, el uso de modelos de Redes neuronales marcó un cambio de dirección a finales de los años ochenta hacia un nivel más alto que se caracteriza por Sistemas expertos con conocimiento incorporado en sí mismo.

Existen varios tipos de Redes neuronales en función de su arquitectura y forma de aprendizaje. Una de las más utilizadas es la red basada en varias capas de **neuronas de tipo perceptrón,** entrenadas mediante la técnica de retropropagación (backpropagation). Las conexiones de la red se inicializan aleatoriamente y de forma progresiva se autoajustan a medida que se entrena con los datos disponibles, de manera que ésta aprende a reconocer paulatinamente todos los casos del conjunto de datos utilizados para su entrenamiento. El aprendizaje finaliza cuando, después de un número variable de iteraciones, se consigue clasificar correctamente el 100% de los casos, o bien se alcanza un valor máximo de aciertos que no aumenta con más iteraciones. De esta manera, conseguimos que **la red aprenda a reconocer patrones con todo tipo de formas** (no sólo lineales como en el caso de una función discriminante o logarítmica como en el caso de la regresión logística), con lo que aumenta y mejora su potencial clasificador.

Perceptrón se refiere a la neurona artificial o unidad básica de inferencia en forma de discriminador lineal a partir de la cual se desarrolla un algoritmo capaz de generar un criterio para seleccionar un sub-grupo a partir de un grupo de componentes más grande. La limitación de este algoritmo es que si dibujamos en un gráfico estos elementos, se deben poder separar con un hiperplano únicamente los elementos "deseados" discriminándolos (separándolos) de los "no deseados". El perceptrón puede utilizarse con otros tipos de perceptrones o de neurona artificial para formar una red neuronal artificial más compleja.

Uno de los ejemplos que mejor ilustran la idea que hay detrás de los perceptrones multicapa es el reconocimiento de objetos aislados en una imagen. Un problema muy típico a la par que difícil es crear una red neuronal que sea capaz de distinguir un perro de un gato y viceversa. En este caso, y atendiendo al esquema anterior, las entradas de la red neuronal serían todos aquellos datos sacados de la imagen que nos podrían ayudar a identificar si es un perro o un gato: longitud de las patas o de la cola, forma de las orejas, color, etc. En base a esos datos, cada célula decidiría si el dato que procesa es propio de un perro o de un gato (a partir de datos que tiene guardados y que ha aprendido anteriormente). Esos datos y decisiones irían viajando a lo largo de las capas neuronales proporcionando a la salida el dato que queremos, si el animal es un perro o un gato.

El servicio de reconocimiento de voz Siri, el asistente personal de Apple, también cuenta con Redes neuronales para ofrecer al usuario final la mejor calidad de servicio posible. Esta aplicación utiliza **procesamiento del lenguaje natural** para responder preguntas, hacer recomendaciones y realizar acciones mediante la delegación de solicitudes hacia un conjunto de servicios web que ha ido aumentando con el tiempo. Cuando se utiliza este reconocimiento de voz, los datos recogidos por el micrófono se envían a los servidores y se procesan por una gran red neuronal. Esta red neuronal logra identificar lo que se solicita y actúa mostrando los resultados pertinentes. En este caso pasa lo mismo que con Google Photos, **cuanta más gente utiliza Siri, mejor calidad tiene el servicio** ya que va aprendiendo de todas las voces.

Las redes neuronales también están presentes en Bixby, el asistente de Samsung. Bixby ya se expresa en español y del equipo de IA de la empresa que trabaja en C-Lab reportan que están trabajando en un proyecto llamado Aurora que consiste en un asistente virtual que se muestra como un holograma y que pretende ofrecer una interacción más cercana con los usuarios. Aurora no está pensada solo como un asistente sino como una colega capaz de animarte, ayudarte cuando vas de compras o despertarte por la mañana. Una amiga virtual.

Lógica difusa. (Fuzzy logic).

La Lógica difusa o Lógica borrosa ha encontrado un amplio **campo de acción en el estudio de procesos muy complejos o**

desordenados. Esto se debe a que los algoritmos convencionales sólo resuelven procesos ordenados, dejando atrás los contextos complejos y caóticos. Si tomamos en cuenta que en la mente del ser humano, en la sociedad y en la naturaleza se presentan fenómenos impredecibles, podremos advertir que esta técnica es de vital importancia para reforzar la Inteligencia Artificial y aumentar las posibilidades de que una máquina o sistema informático pueda comprender e inclusive emular el pensamiento humano.

La capacidad de la Lógica difusa para solucionar situaciones indeterminadas y de hipercomplejidad la ha centrado en campos que requieren toma de decisiones y reconocimiento de patrones. **Mediante esta técnica la computadora puede analizar información del mundo real en una escala entre lo falso y lo verdadero,** manipular conceptos vagos como "caliente" o "húmedo", y permitir a los ingenieros construir **dispositivos que juzgan la información difícil de definir.** Comenzó siendo utilizada en Sistemas expertos pero gracias a sus características se la utiliza para la resolución de una amplia variedad de problemas, principalmente los relacionados con control de procesos industriales complejos, la resolución y la compresión de datos y los sistemas de decisión en general. Los sistemas de Lógica difusa están también muy extendidos en la tecnología cotidiana; por ejemplo, en cámaras digitales, aire acondicionado, lavadoras de ropa, etc. Los sistemas basados en Lógica difusa imitan la forma en que toman decisiones los humanos, con la ventaja de ser mucho más rápidos. Estos sistemas son generalmente robustos y tolerantes a imprecisiones y ruidos en los datos de entrada. Algunos lenguajes de programación lógica que han incorporado la Lógica difusa serían por ejemplo las diversas implementaciones de Fuzzy PROLOG o el lenguaje Fril.

Para ilustrar el funcionamiento de la Lógica difusa tomaremos el ejemplo que se usa en los aires acondicionados. Veamos cuáles son los términos que el común de las personas utiliza para describir la temperatura:

Demasiado frío; Frío; Templado; Caluroso; Muy caluroso.

Todos estos términos son relativos. Esto es, no existe una convención de a cuántos grados centígrados es correcto afirmar que el ambiente es caluroso, de tal manera que debemos buscar darle un valor numérico a estos "cuantificadores imprecisos". Para hacerlo es necesario iniciar con la determinación de algunos puntos de referencia expresados en forma cuantitativa y así tendríamos lo siguiente:

- Un eje horizontal que va desde los -10 °C hasta 40 °C
- Temperaturas bajo cero son muy frías
- Temperaturas por encima de los 40 °C son muy calientes
- Las condiciones de muy frío y muy caluroso se prolongan hacia la izquierda y derecha del eje horizontal respectivamente.
- Los tres estados restantes (frío, templado y caluroso) se pueden modelar como funciones de pertenencia trapezoidales de iguales dimensiones:
- Base mayor: intervalo de 10 °C
- Base menor: intervalo de 5 °C

De esta manera, podemos asignar valores numéricos a ciertos grados de temperatura expresados con las palabras Demasiado frío, Frío, Templado, Caluroso y Muy caluroso. El siguiente paso sería escribir un programa para la computadora (En el caso de un equipo de aire acondicionado sería un pequeño microprocesador integrado al aparato) que tomaría esta forma:

IF (temperatura es fría OR demasiado fría) AND (objetivo es templado) THEN GO TO calentar.

Con este sencillo ejemplo se puede tener una idea del objetivo de la Lógica difusa. Por supuesto, el mundo real presenta condiciones mucho más complejas que requieren de un modelado de condiciones también más complicado y de una programación más amplia y al mismo tiempo más precisa para abarcar todas las condiciones. Imaginemos todo el cúmulo de variables que deben tomarse en cuenta para calcular la dirección, la velocidad y la intensidad de los vientos de un tornado. O bien imaginemos todos los factores que deben tomarse en cuenta para trazar el algoritmo de un sistema financiero para calcular los movimientos del mercado bursátil.

Son tantas las condiciones y los factores que intervienen que la mente humana simplemente no las puede considerar y procesar en el tiempo necesario para tomar una decisión acertada. Sin embargo, la computadora si puede hacerlo y de hecho ya lo hace con mucho éxito. La Lógica difusa se aplica con grandes beneficios en los buscadores de internet, la instrumentación médica, las plantas de tratamiento de aguas residuales o el control inteligente de motores para automóviles. Sin embargo, lo que hizo especialmente famosa a la Lógica difusa fue su contribución a la mejora de las técnicas en la conducción de metros y ferrocarriles. El ejemplo más conocido es el del tren de Sendai, en Japón.

Un nivel más alto o de mayor complejidad en la técnica de la Lógica difusa ha sido desarrollado en la **Lógica difusa compensatoria** (LDC). La LDC es un modelo lógico multivalente que permite la modelación simultánea de los procesos deductivos y de toma de decisiones. El uso de la LDC en los modelos matemáticos permite utilizar conceptos relativos a la realidad siguiendo patrones de comportamiento similares al pensamiento humano. Las características más importantes de estos modelos son la flexibilidad, la tolerancia con la imprecisión, la capacidad para moldear problemas no lineales y su fundamento en el lenguaje de sentido común. Bajo este fundamento se estudia específicamente cómo acondicionar el modelo sin condicionar la realidad. La LDC utiliza la escala de la LD, la cual puede variar de 0 a 1 para medir el grado de verdad o falsedad de sus proposiciones, donde las proposiciones pueden expresarse mediante predicados. **Un predicado es una función del Universo X en el intervalo [0, 1]**, y las operaciones de conjunción, disyunción, negación e implicación, se definen de modo que restringidas al dominio [0, 1] se obtenga la Lógica Booleana.

Las distintas formas de definir las operaciones y sus propiedades determinan diferentes lógicas multivalentes que son parte del paradigma de la Lógica difusa Las lógicas multivalentes son aquéllas que permiten valores intermedios entre la verdad absoluta y la falsedad total de una expresión.

Entonces el 0 y el 1 están asociados ambos a la certidumbre y la exactitud de lo que se afirma o se niega y el 0,5 a la vaguedad y la incertidumbre máximas. En los procesos que requieren toma de decisiones, el intercambio con los expertos lleva a obtener formulaciones complejas y sutiles que requieren de predicados compuestos. Los valores de verdad obtenidos sobre estos predicados compuestos deben poseer sensibilidad a los cambios de los valores de verdad de los predicados básicos. Esta necesidad se satisface con el uso de **la LDC, que renuncia al cumplimiento de las propiedades clásicas de la conjunción y la disyunción,** contraponiendo a éstas la idea de que el aumento o disminución del valor de verdad de la conjunción o la disyunción provocadas por el cambio del valor de verdad de una de sus componentes, puede ser "compensado" con la correspondiente disminución o aumento de la otra. Estas propiedades hacen posible de manera natural el trabajo de traducción del lenguaje natural al de la Lógica, incluidos los predicados extensos si éstos surgen del proceso de modelación. La Lógica difusa tiene un enorme futuro en el desarrollo de la Inteligencia Artificial.

Sistemas expertos. (Expert systems).

El ser humano está empecinado en transferir su conocimiento a una máquina para que después la máquina pueda resolver por sí misma los problemas que le presente el ser humano. Este deseo le ha llevado a desarrollar la técnica de los Sistemas expertos que son piedra angular sobre la que se desarrolla la Inteligencia Artificial. Un Sistema experto es un sistema informático que emula el proceso de aprendizaje, memorización, razonamiento, comunicación y acción de un experto humano en cualquier rama de la ciencia y la tecnología. Estas características le permiten almacenar datos y conocimiento, sacar conclusiones lógicas, tomar decisiones, aprender de la experiencia, comunicarse con expertos humanos y realizar acciones como consecuencia de todo lo anterior. En 1957 **Herbert Simon, J.C. Shaw, y Allen Newell** diseñaron y programaron un sistema que sirviera como base para construir una máquina capaz de resolver problemas de carácter general. Su ambición era tan grande que le dieron el nombre de Solucionador General de Problemas (**General Problem Solver o GPS**). Su objetivo era resolver cualquier problema simbólico formal como probar teoremas, resolver problemas geométricos, trabajar con lógica proposicional y jugar al ajedrez. Se basaba en el trabajo teórico previo de Simon y Newell sobre máquinas lógicas. El GPS fue el primer programa de computadora en el que se separó el conocimiento de los problemas de su estrategia sobre cómo resolverlos. Se implementó en el lenguaje de programación IPL (Information Processing Language). El GPS consiguió resolver problemas sencillos, como el de las Torres de Hanói, que podía ser expresado de una manera lo suficientemente formalizada, pero no podía resolver los problemas del mundo real. El usuario definía los objetos y las operaciones que se podría hacer con y sobre los objetos y el GPS generaba la heurística mediante un análisis de los medios y los objetivos, a fin de resolver los problemas. Para ello se centraba en las operaciones disponibles, encontrando qué entradas eran aceptables y qué resultados se generaban. Se creaban entonces sub-objetivos para conseguir aproximarse más y más a la meta anteriormente definida. El paradigma GPS evolucionó hasta convertirse en la arquitectura simbólico-cognitiva SOAR (State Operator And Result).

Los Sistemas expertos han evolucionado de manera importante y actualmente tienen aplicaciones prácticas que los convierten en herramientas valiosas para aumentar la productividad del ser humano. En el diseño de un Sistema experto deben tomarse en cuenta varias características funcionales. La más importante es la que separa los conocimientos almacenados (Base de conocimiento) del programa que los controla (Motor de inferencia). Esta es una característica fundamental que ha definido a los sistemas computacionales desde sus orígenes.

Estas son las características que debe reunir un Sistema experto:

- **Habilidad** para adquirir conocimiento.

- **Fiabilidad** para poder confiar en sus resultados o apreciaciones.
- **Solidez** en el dominio de su conocimiento.
- **Capacidad** para resolver problemas.

Otras características deseables:

- **Competencia en su campo**: Es necesario que pueda resolver problemas con una eficiencia y calidad comparables a las de un experto humano.
- **Dominio reducido**: El limitarse a un dominio reducido es un requisito para alcanzar la competencia.
- **Capacidad de explicación**: Es aquella capaz de explicar cómo ha resuelto el problema, es decir, qué método ha aplicado y por qué lo ha aplicado.
- **Tratamiento de la incertidumbre**: Es una exigencia que se deriva de la complejidad de los problemas que abordan los Sistemas expertos.
- **Flexibilidad en el diálogo**: Es deseable que los Sistemas expertos tengan esta capacidad, llegando en la medida de lo posible a comunicarse (entender y expresarse) en lenguaje natural como un experto humano.
- **Representación explícita del conocimiento**: Es necesaria para considerar que un sistema está basado en conocimiento.

Un Sistema experto debe ejecutar un conjunto de tareas para alcanzar sus objetivos. Estas son las más importantes:

Monitorización. Es un caso particular de la interpretación y consiste en la comparación continua de los valores de las señales o datos de entrada y unos valores que actúan como criterios de normalidad o estándares. En el campo del mantenimiento predictivo los Sistemas expertos se utilizan fundamentalmente como herramientas de diagnóstico. El objetivo es que el programa pueda determinar en cada momento el estado de funcionamiento de sistemas complejos, anticipándose a los posibles incidentes que pudieran acontecer. Así, usando un modelo computacional del razonamiento de un experto humano, proporciona los mismos resultados que alcanzaría dicho experto.

Diseño. Es el proceso de especificar una descripción de un artefacto que satisface varias características desde un número de fuentes de conocimiento. El diseño se concibe de dos formas básicamente: 1) El diseño en ingeniería es el uso de principios científicos, información técnica e imaginación en la definición de una estructura mecánica, máquina o sistema que ejecute funciones específicas con el máximo de economía y eficiencia. 2) El diseño industrial busca rectificar las omisiones de la ingeniería. Es un intento consciente de traer forma y orden visual a la ingeniería de hardware donde la tecnología no provee estas características.

Planificación. Es la realización de planes o secuencias de acciones y es un caso particular de la simulación. Está compuesta por un simulador y un sistema de control. El efecto final es la ordenación de un conjunto de acciones con el fin de conseguir un objetivo global.

Control. Un sistema de control participa en la realización de las tareas de interpretación, diagnóstico y reparación de forma secuencial. Con ello se consigue conducir o guiar un proceso o sistema. Los sistemas de control son complejos debido al número de funciones que deben manejar y el gran número de factores que deben considerar; esta complejidad creciente es otra de las razones que apuntan al uso del conocimiento y por tanto de los Sistemas expertos.

Simulación. Es una técnica que consiste en crear modelos basados en hechos, observaciones e interpretaciones sobre la computadora, a fin de estudiar el comportamiento de los mismos mediante la observación de las salidas para un conjunto de entradas. Las técnicas tradicionales de simulación requieren modelos matemáticos y lógicos que describen el comportamiento del sistema bajo estudio.

Instrucción. Un sistema de instrucción realizará un seguimiento del proceso de aprendizaje. El sistema detecta errores ya sea de una persona con conocimientos e identifica el remedio adecuado. Es decir, desarrolla un plan de enseñanza que facilita el proceso de aprendizaje y la corrección de errores. **Recuperación de información.** Los Sistemas expertos, con su capacidad para combinar información y reglas de actuación, han sido vistos como una de las posibles soluciones al tratamiento y recuperación de información, no sólo documental. La década de 1980 fue prolija en investigación y publicaciones sobre experimentos de este orden, interés que continúa en la actualidad. Lo que diferencia a estos sistemas de un sistema tradicional de recuperación de información es que estos últimos sólo son capaces de recuperar lo que existe explícitamente, mientras que un Sistema experto debe ser capaz de generar información no explícita, razonando con los elementos que se le dan. Pero la capacidad de los SE en el ámbito de la recuperación de la información no se limita a la recuperación. Pueden utilizarse para ayudar al usuario en la selección de recursos de información, en el filtrado de respuestas, etc. Un SE puede actuar como un intermediario inteligente que guía y apoya el trabajo del usuario final.

En el curso de las últimas cinco décadas se han desarrollado varios Sistemas expertos. Algunos de ellos han logrado fama y su nombre ha quedado registrado en la historia de la computación. Estos son algunos de ellos:

MYCIN: Es el primer Sistema experto que llegó a funcionar con la misma calidad que un experto humano. Es un sistema de diagnóstico y prescripción en medicina altamente especializado, diseñado para ayudar a los médicos a tratar con infecciones de meningitis y bacteriemia. Una serie de pruebas han demostrado que MYCIN trabaja igual de bien que un médico.

TROPICAID: Permite obtener información adicional sobre los medicamentos más usados. Selecciona un conjunto de posibles diagnósticos a partir del análisis del cuadro médico y propone un tratamiento óptimo para el caso concreto.

LABEIN: El Laboratorio de Ensayos e Investigaciones Industriales con sede en España desarrolló un sistema para el diseño de motores eléctricos mediante la aplicación de las tecnologías clásicas de Sistemas expertos a los sistemas de CAD/CAE de diseño y análisis.

DELTA: Ayuda a los mecánicos en el diagnóstico y reparación de locomotoras diésel y eléctricas. Este sistema no solo da consejos expertos, sino que también presenta informaciones por medio de un reproductor de vídeo.

GUIDON: Utilizado por las Facultades de Medicina para formar a los médicos en la realización de consultas. GUIDON viene a ser una reorganización de MYCIN con intenciones educativas, de tal manera que tiene la ventaja adicional de disponer de toda la base de conocimientos de MYCIN además de la experiencia acumulada.

CASHVALUE: Evalúa proyectos de inversión.

COACH (Cognitive Adaptive Computer Help): Permite crear ayuda personalizada al usuario. Es un observador de las acciones del usuario que está aprendiendo a operar un ambiente, y en base a ellas construye un modelo adaptativo del usuario.

Los Sistemas expertos ofrecen grandes ventajas para la solución de problemas en áreas específicas. Quizá la más importante es que permite conservar los valiosos conocimientos de un experto ya que se pueden guardar de manera permanente para luego utilizarlos, transferirlos e incluso combinarlos con el conocimiento de otros expertos. En los Sistemas expertos se guarda la esencia de los problemas que se intenta resolver y se programa cómo aplicar los conocimientos para su resolución. Los Sistemas expertos surgieron como una de las primeras manifestaciones de la Inteligencia Artificial y hay quienes piensan que esta técnica quedará rebasada por las nuevas tecnologías. Sin embargo, en la medida en que avanzan otras técnicas de la Inteligencia Artificial como el Aprendizaje automático, el Aprendizaje profundo y las Redes neuronales los Sistemas expertos serán más consistentes, certeros y confiables.

Procesamiento del lenguaje natural. (NLP)

El Procesamiento del lenguaje natural, Natural Language Processing. (En español PLN y en inglés NLP) es una técnica de la Inteligencia Artificial que, esencialmente, pretende conseguir que una máquina comprenda lo que expresa una persona mediante el uso de una lengua natural (inglés, español, chino, etc.). Las lenguas naturales pueden expresarse de forma oral (mediante la voz), escrita (un texto) o por signos. Obviamente, la expresión escrita está mucho más documentada y es más fácil de conseguir y tratar que la oral o el lenguaje de signos. Por lo tanto, el Procesamiento del lenguaje natural conocido en inglés como Natural Language Processing, está mucho más avanzado en el tratamiento de textos escritos producidos por el ser humano.

El PLN se ocupa de la formulación e investigación de mecanismos eficaces computacionalmente para la comunicación entre personas y máquinas por medio de lenguajes naturales. El PLN no trata de la comunicación por medio de lenguajes naturales de una forma abstracta, sino de diseñar mecanismos para comunicarse que sean eficaces computacionalmente —que se puedan realizar por medio de programas que ejecuten o simulen la comunicación—. Los modelos aplicados se enfocan no sólo a la comprensión del lenguaje de por sí, sino a aspectos generales cognitivos humanos y a la organización de la memoria. El lenguaje natural sirve sólo de medio para estudiar estos fenómenos. Hasta la década de 1980, la mayoría de los sistemas de PLN se basaban en un complejo conjunto de reglas diseñadas a mano. A finales de 1980 se dio una revolución en PLN con la introducción de algoritmos de Aprendizaje automático.

El desarrollo del PLN empieza hacia 1950, aunque algunos trabajos en las ciencias de la computación le han servido de antecedente. Como hemos visto, Alan Turing publicó "Computing Machinery and Intelligence" en donde proponía lo que hoy llamamos Test de Turing como prueba de inteligencia. Un experimento realizado por la Universidad de Georgetown e IBM en 1954 involucró traducción automática de más de sesenta oraciones del ruso al inglés. **Los autores sostuvieron que en tres o cinco años la traducción automática sería un problema resuelto.** Sin embargo, el progreso real en traducción automática fue más lento y después del reporte ALPAC (Automatic Language Processing Advisory Committee) en 1996 se demostró que la investigación había tenido un bajo desempeño. Más tarde una investigación llevada a cabo hacia finales de 1980, cuando se desarrollaron los primeros sistemas de traducción automática estadística demostró importantes avances en la traducción automática. Esto se debió al aumento constante del poder de cómputo resultante de la **Ley de Moore** y la aplicación de los primeros algoritmos de Aprendizaje automático utilizados, tales como árboles de decisión y sistemas producidos mediante sentencias si-entonces similares a las reglas escritas a mano. A partir de entonces la traducción automática ha registrado importantes adelantos y algunos buscadores como Google la utilizan frecuentemente.

La ley de Moore expresa que aproximadamente cada dos años se duplica el número de transistores en un microprocesador. A pesar de que la ley originalmente fue formulada para establecer que la duplicación se realizaría cada año, posteriormente Moore redefinió su ley y amplió el periodo a dos años. Se trata de una ley empírica, formulada por el cofundador de Intel, Gordon E. Moore, el 19 de abril de 1965, cuyo cumplimiento se ha podido constatar hasta hoy.

Para que una máquina se comunique con el ser humano mediante una lengua natural requiere darle un tratamiento computacional al lenguaje. Esto es, transformar el lenguaje natural en un lenguaje basado en bits y bytes para que la computadora pueda entenderlo. Aquí se requiere el trabajo conjunto del experto en computación y de los lingüistas computacionales que se encargan de preparar el modelo para que los ingenieros informáticos lo implementen.

Para lograr el objetivo de la comprensión del lenguaje natural por la computadora es necesario vencer algunas dificultades entre las que podemos mencionar a la **Ambigüedad** como la más importante. Si tomamos en cuenta que el lenguaje natural es inherentemente ambiguo tendríamos diferentes niveles:

* **A nivel léxico.** Una misma palabra puede tener varios significados y la selección del más apropiado se debe deducir a partir del contexto oral o conocimiento básico. Muchas investigaciones en el campo del procesamiento de lenguajes naturales han estudiado métodos de resolver las ambigüedades léxicas mediante diccionarios, gramáticas, bases de conocimiento y correlaciones estadísticas.

* **A nivel referencial.** La resolución de anáforas y catáforas implica determinar la entidad lingüística previa o posterior a que hacen referencia.

* **A nivel estructural.** Se requiere de la semántica para desambiguar la dependencia de los sintagmas preposicionales que conducen a la construcción de distintos árboles sintácticos. (Sintagma: Palabra o grupo de palabras que constituyen una unidad sintáctica).

* **A nivel pragmático.** Una oración, a menudo, no significa lo que realmente se está diciendo. Elementos tales como la ironía tienen un papel importante en la interpretación del mensaje.

Otras dificultades que se presentan son la **detección de separación entre las palabras y la recepción imperfecta de datos.** En esto trabajan los informáticos y los lingüistas y a juzgar por los avances que han logrado se puede decir que su trabajo ha sido exitoso y que pronto será algo normal el hecho de que un ser humano se comunique con la computadora y viceversa sin que pueda distinguirse la fuente de donde provienen las palabras.

Los asistentes de voz de las grandes empresas de tecnología han hecho grandes avances en los últimos años y la competencia está fuerte. El experto Ricardo Adeva dice: "Ni Siri ni Google Now, el mejor asistente de voz es Hound. Después de varios años de desarrollo ha surgido un nuevo asistente digital activado por voz que llega de la mano de una de las más famosas aplicaciones de reconocimiento de la canción para hacer frente a Google Now, Siri y Cortana".

Microsoft se había quedado un poco rezagada respecto de Google y Apple, pero recientemente ha realizado la adquisición de una empresa líder en la tecnología de procesamiento de lenguaje natural para recuperar terreno y mantenerse a la altura de los líderes en este campo. Este hecho refleja la importancia que se le concede a la técnica de reconocimiento de la voz del ser humano y la posibilidad de entablar una conversación de igual a igual entre el hombre y la máquina.

Con el título **"Microsoft también quiere que Cortana pueda conversar** como un humano" se publicó una nota en los medios que aquí reproducimos en su parte medular para resaltar la importancia que las grandes empresas de computación asignan al Procesamiento del lenguaje natural.

"La Inteligencia Artificial continúa avanzando a pasos agigantados y Microsoft está apostando fuerte a esta tendencia. Siguiéndole los pasos a Google y las nuevas habilidades de su Asistente, el gigante de la tecnología anunció la adquisición de Semantic Machines, una empresa enfocada en el desarrollo de tecnología conversacional basada en la Inteligencia Artificial.

La compañía trabajó previamente con importantes firmas de tecnología, liderando el desarrollo automático de reconocimiento de voz para Siri de Apple. En esencia, Semantic emplea el Aprendizaje automático para proporcionar contexto a las conversaciones de los chatbots, haciendo que el diálogo sea más natural y fluido, una medida que podría ayudar a darle a Cortana la ventaja que necesita sobre sus competidores.

La tecnología de Semantic utiliza el poder del Aprendizaje automático para permitir a los usuarios descubrir, acceder e interactuar con la información y los servicios, de una manera mucho más natural y con mucho menos esfuerzo" señala Microsoft en el anuncio realizado en una publicación de su blog oficial.

Computación cuántica. (Quantum computation).

La Computación cuántica no es propiamente una técnica de la Inteligencia Artificial. Es un paradigma de la computación clásica que le da soporte a la revolución de la Inteligencia Artificial. Las computadoras cuánticas pertenecen a un desarrollo posterior a las computadoras tradicionales y su tecnología promete revolucionar la Informática empleando la mecánica cuántica para procesar y resolver problemas millones de veces más rápido que los dispositivos actuales.

En una computadora "clásica" la unidad de información se llama "bit", que puede tener el valor de 1 o 0. Su equivalente cuántico opera con "qubits" o bits cuánticos. Los qubits pueden tener toda la combinación de valores: 0 0, 0 1, 1 0 y 1 1 al mismo tiempo. Igual que un bit, un qubit representa una unidad básica de información, pero una unidad de información cuántica se rige por las normas de la física cuántica y por ello el qubit puede ser 0 o 1, o algo entre estos. De hecho, puede ser 1 y 0, paralelamente.

Esta propiedad abre el camino para hacer cálculos múltiples simultáneamente. En lugar de hacer un cálculo siguiendo una progresión lineal como en una computadora binaria estándar - donde las respuestas son sí o no, encendido o apagado, 1 o 0- **el sistema cuántico tiene la capacidad de ejecutar las operaciones en forma simultánea** y entregar los resultados en un tiempo menor. Podríamos decir que la cuántica las realiza en forma simultánea logrando un efecto más cercano a la forma en que trabaja el cerebro.

Las grandes empresas de Informática ya se encuentran compitiendo para producir la computadora cuántica de mayor capacidad. IBM estaba a la cabeza pero recientemente el laboratorio Quantum AI de Google ha hecho el anuncio de su **computadora Bristlecone** para colocarse como líder de la Computación cuántica.

La computación cuántica está basada en la mecánica cuántica que es una de las últimas ramas que han nacido del frondoso árbol de la Física. Aun cuando la computación cuántica ha acelerado su paso en el presente siglo, la mecánica cuántica comienza a principios del siglo XX cuando la Ley de la gravitación universal y la Teoría electromagnética clásica, dos de las teorías que intentaban explicar el Universo que nos rodea, se volvían insuficientes para explicar ciertos fenómenos. La teoría electromagnética generaba un problema cuando intentaba explicar la emisión de radiación de cualquier objeto en equilibrio, llamada Radiación térmica, que es la que proviene de la vibración microscópica de las partículas que lo componen. Usando las ecuaciones de la electrodinámica clásica, la energía que emitía esta radiación térmica daba Infinito si se suman todas las frecuencias que emitía el objeto, con un resultado ilógico para los físicos.

Al físico **Max Planck** se le ocurrió un truco matemático: Si en el proceso aritmético se sustituía la integral de esas frecuencias por una suma no continua se dejaba de obtener un infinito como resultado, con lo que eliminaba el problema y, además, el resultado obtenido concordaba con lo que después era medido. Con esta base enunció la hipótesis de que la radiación electromagnética es absorbida y emitida por la materia en forma de Cuantos de luz o Fotones de energía mediante una constante estadística que se denominó Constante de Planck. Su historia pertenece al Siglo XX, ya que la primera formulación cuántica de un fenómeno fue dada a conocer el 14 de diciembre de 1900 en una sesión de la Sociedad Física de la Academia de Ciencias de Berlín por el científico alemán Max Planck.

Max Karl Ernest Ludwig Planck fue un físico y matemático alemán considerado como el fundador de la teoría cuántica quien recibió el Premio Nobel de Física en 1918. Nació el 23 de abril de 1858 en Kiel y falleció en Gotinga, Alemania en 1947.

La idea de Planck hubiera quedado muchos años sólo como hipótesis si Albert Einstein no la hubiera retomado proponiendo que la luz, en ciertas circunstancias, se comporta como partículas de energía independientes (los Cuantos de luz o Fotones). Fue Albert Einstein quién completó en 1905 las correspondientes leyes de movimiento con lo que se conoce como Teoría especial de la relatividad, demostrando que el electromagnetismo era una teoría esencialmente no mecánica. Culminaba así lo que se ha dado en llamar Física clásica. Es decir, la física no-cuántica. Usó este punto de vista llamado por él "heurístico", para desarrollar su teoría del efecto fotoeléctrico, publicando esta hipótesis en 1905, lo que le valió el Premio Nobel de 1921.

El obstáculo principal para la construcción de una computadora cuántica es la fragilidad de los estados superpuestos de los qubits con el mundo exterior. Esta fragilidad debe disminuirse al nivel más bajo posible para evitar la de-coherencia de los estados superpuestos. Las influencias no controlables destruirían por completo la delicada superposición y el "enredamiento" de los qubits, propiedades que son la base de todos los algoritmos computacionales cuánticos. Aislar unos cuantos qubits de influencias incontrolables es relativamente fácil y ya se han hecho algunos experimentos. Pero cuanto más grande es un sistema cuántico (cuantos más qubits contiene), más probable es que alguno de ellos interactúe con el exterior, y eso basta para producir la de-coherencia de todo el sistema. Todavía falta mucho para la construcción de una computadora cuántica suficientemente grande para soportar la Inteligencia Artificial Total, pero hacia allá va la tecnología.

APLICACIONES

Si consideramos que la Inteligencia Artificial es la posibilidad que tiene un sistema informático integrado por software y hardware para ejecutar tareas intelectuales comúnmente asociadas a seres humanos, podremos advertir que la IA avanza rápidamente y de manera casi imperceptible en todas las actividades de la sociedad. Los sistemas de IA se producen actualmente para ejecutar tareas específicas o aplicaciones que tienen alguna o varias de las características de la inteligencia en los seres humanos como el razonar, planear, resolver problemas, pensar en abstracto, comprender ideas complejas, aprender de inmediato, tomar decisiones y aprender de la experiencia entre otras actividades.

Los sistemas informáticos de Inteligencia Artificial se han estado produciendo desde hace ya varias décadas. Sin embargo, una característica de un sistema de IA es que al entrar en el mercado y ser de dominio público pierde su etiqueta de "Inteligente". Un ejemplo es el juego de ajedrez que se ha considerado como propio de los seres inteligentes y durante mucho tiempo se consideró que si una computadora podía jugar ajedrez y ganarle a un maestro se le podría dar a esa computadora el calificativo de inteligente. Y resulta que cuando se lograron producir sistemas informáticos con la complejidad para ganarle a un maestro dejó de ser prueba suficiente para asignarle a una computadora el calificativo de inteligente. Sin embargo, **cada aplicación que se produce con características de Inteligencia Artificial es un paso hacia la Inteligencia Artificial Total.**

Las aplicaciones de la Inteligencia Artificial han salido del campo de la ciencia ficción para ubicarse en la realidad de cada día. Sin darnos cuenta tenemos a la mano aplicaciones de IA para ayudarnos en nuestras actividades diarias, resolver problemas, brindarnos algún consejo o simplemente hacernos la vida más agradable. Algunas aplicaciones se han desarrollado para los móviles y otras para funcionar en una computadora, un automóvil, un avión o un robot. Cuando utilizamos el teléfono celular, que ya no es sólo un teléfono, sino todo un centro de comunicación y procesamiento de información, tenemos a nuestra disposición todo un cúmulo de aplicaciones. Muchas de ellas han sido desarrolladas con técnicas de IA y su desempeño es sensacional. Algunas se aprovechan del Aprendizaje automático y poco a poco van aprendiendo nuestros gustos y preferencias a tal punto que algunas veces nos sorprende ver que se anticipan a nuestros deseos para complacernos antes de nosotros dar una orden.

Es tan fuerte la penetración e influencia de la Inteligencia Artificial en los móviles que el Honor View10 incorpora una unidad de procesamiento de red neuronal (NPU) independiente. Esto quiere decir que el equipo cuenta con un procesador adicional que optimiza las tareas asociadas a la IA. De esta manera se potencian múltiples aplicaciones de Inteligencia Artificial para que el usuario pueda realizar distintas tareas. Un punto imperceptible a primera vista para el usuario es que el móvil optimiza su rendimiento aprendiendo el comportamiento de la persona y las tareas que realiza de manera habitual para responder con más eficiencia.

La velocidad con la que se producen las aplicaciones desarrolladas con técnicas de Inteligencia Artificial dificultan la tarea de mencionar, reseñar y calificar a todas ellas. A continuación revisaremos algunas en diferentes campos de aplicación, tanto para móviles, computadoras o robots, pero quizá **lo más importante por ahora es tomar conciencia de su presencia**, su capacidad para interactuar como entes inteligentes y vislumbrar hasta dónde pueden llegar si se integran en una Inteligencia Artificial Total

Aplicaciones en la Medicina.

La Inteligencia Artificial ha llegado más allá de la ciencia ficción en el sector salud. Actualmente es un campo de estudios muy amplio y en constante cambio. Las aplicaciones que se han desarrollado son extensas. Aquí revisaremos solamente algunas de ellas conscientes de que con frecuencia aparecen nuevas que causan sorpresa y asombro aun a los mismos profesionales de la medicina.

La Agencia FDA de los Estados Unidos ha aprobado por primera vez en su historia seis programas basados en IA para ayuda al diagnóstico tras haber probado su eficacia en ensayos clínicos. Son sistemas que ayudan a predecir la aparición del ictus y la retinopatía diabética, entre otras enfermedades. En el caso de la detección de diabetes se trata de un programa con un algoritmo de IA que permite analizar imágenes del ojo subidas a un servidor y ofrecer una recomendación al médico. Según la FDA, "es uno de los primeros dispositivos autorizados para comercialización que brinda una decisión de detección sin la necesidad de que un médico también interprete la imagen o los resultados". Otro de los programas autorizados analiza los resultados de la tomografía computarizada (TAC) para avisar de un posible ictus.

El diagnóstico y tratamiento de enfermedades es una rama de la medicina que se ha estudiado ampliamente y con ayuda de la robótica se han obtenido grandes resultados que ayudan en el cuidado y tratamiento de pacientes.

Los robots son capaces de realizar tareas repetitivas de forma más rápida, barata y precisa que los seres humanos. El primer ensayo real de un robot capaz de operar ojos humanos se realizó en junio del 2018 y fue todo un éxito.

Diversos equipos de científicos tratan de crear sistemas contra la gran cantidad de enfermedades geriátricas que ocasionan pérdida de la memoria. Los sistemas de **cognición asistida combinan software con Inteligencia Artificial**, tecnología GPS, redes de sensores y placas identificativas infrarrojas que acompañan a los pacientes en todo momento. Con los sistemas de cognición asistida, los ancianos podrán permanecer en su hogar más tiempo y cuidar de sí mismos sin ayuda.

Científicos del Instituto de Investigación en el Genoma Humano, en Estados Unidos, y de la Universidad de Lund en Suecia, han desarrollado una técnica que aplica la Inteligencia Artificial a unos biochips que se usan para análisis genético. Estos permiten distinguir con rapidez entre varios tipos de cáncer.

Si bien todavía falta mucho para que exista un dispositivo de Inteligencia Artificial perfeccionado que pueda substituir a las personas en el cuidado de los pacientes geriátricos, con los avances realizados se puede brindar un apoyo tanto a los familiares como a los médicos y enfermeras que se dedican a esta labor.

La **tecnología de reconocimiento de patrones** llevada a un nivel superior con la Inteligencia Artificial para interpretar imágenes y tomar decisiones ha dado lugar a una importante aplicación para detectar el cáncer con base al análisis de fotografías. La compañía tecnológica nipona Kyocera y la Universidad de Tsukuba han desarrollado un sistema para detectar el cáncer de piel en sus fases más tempranas, a partir del análisis de fotografías de pacientes mediante Inteligencia Artificial. El método, aún en fase experimental, ha alcanzado una precisión en sus diagnósticos del 90 por ciento en 4,000 instantáneas analizadas de la piel de los pacientes, según publicó el diario económico japonés Nikkei.

Nils Strodthoff, investigador del Instituto Fraunhofer Heinrich Hertz (Alemania) y Claas Strodthoff, del Centro Médico Universitario Schleswig-Holstein (Alemania) **han desarrollado una red neuronal** que puede detectar las señales del infarto de miocardio y afirman que la máquina iguala y puede llegar a superar el rendimiento de los cardiólogos humanos. Un electrocardiógrafo estándar registra la señal eléctrica a través de 12 cables distintos conectados a diferentes partes del cuerpo del paciente. Estas señales denotan el comportamiento eléctrico del corazón de diferentes formas. Sin embargo, interpretar los datos es difícil. El enfoque desarrollado por ambos Strodthoff es genéricamente aplicable a cualquier problema de clasificación como los ECG y los de electroencefalografía (EEG) que abundan en medicina, lo que abre un extenso panorama de sus usos en la salud.

Operaciones en el mercado bursátil.

El día 8 de agosto del año 2001 se publicó una noticia interesante que habría de cambiar la ejecución de operaciones financieras en el mercado de acciones, bonos, mercancías, futuros y en general en todo mercado financiero. Una computadora de IBM compitió con corredores de bolsa para invertir en la compraventa de mercancías y oro para determinar quién podría obtener mejores resultados. Ganó la computadora por un margen del 7% contra los avezados inversionistas del mercado bursátil. A partir de entonces se han producido mejores y más sofisticados sistemas de Inteligencia Artificial que ejecutan regularmente operaciones financieras manejando miles de millones de dólares cada día. Una ventaja de los sistemas dotados de Inteligencia Artificial radica en que no mezclan emociones, temores, avaricia ni estados de ánimo que interfieren con los números y hechos que determinan el comportamiento del mercado financiero. Esta es una ventaja determinante, aunque en ciertos casos representa un peligro ya que no se aplica el "sentido común" que en muchas ocasiones advierte de algo fuera de lo normal pero que debe tomarse muy en cuenta en una decisión.

En abril del 2017 el Director de operaciones de JP Morgan, Matt Zames, explicó en una carta a sus accionistas el rumbo estratégico que tomaba la compañía con el objetivo de que la Inteligencia Artificial se convierta en un pilar importante en las operaciones financieras del banco de inversión: "El año pasado introdujimos tecnología de Machine Learning para inversiones bancarias. Pusimos en marcha el Motor de Oportunidades Emergentes en los Mercados de Capital que permite identificar las mejores ofertas de inversiones para cada cliente en particular, ofreciendo recomendaciones personalizadas mediante el análisis automatizado de las posiciones financieras actuales, las condiciones del mercado y los datos históricos.

Dado el éxito inicial del Motor de Oportunidades Emergentes en los Mercados de Capital, estamos expandiéndolo a otras áreas como los Mercados de Capital de Deuda, basando de manera similar las predicciones en los datos financieros de los clientes, el historial de emisiones y la actividad del mercado."

El Financial Times, una de las publicaciones más autorizadas en el mundo de las finanzas especula en un interesante artículo sobre el futuro de la Inteligencia Artificial en el mercado bursátil:

"Los gigantescos avances de la Informática han revolucionado prácticamente todas las facetas de la vida moderna y los mercados financieros no son una excepción. **Los fondos de riesgo más exitosos del mundo buscan en la actualidad a informáticos y no a economistas o banqueros de inversión** con MBA. Incluso los fondos de inversión que atesoran los ahorros de la generación del baby-boom y de los estados ricos en petróleo emplean las técnicas "cuantitativas" posibilitadas por la Informática moderna y complejos modelos matemáticos. **La próxima frontera en esta escala tecnológica es la Inteligencia Artificial.** Los avances en la investigación de la misma han generado un enorme interés en la industria, donde algunos creen que una computadora pensante capaz de aprender y de operar hará que incluso los algoritmos de inversión de gran velocidad y complejidad actuales parezcan arcaicos -y posiblemente convertirá en innecesaria la figura del gestor de fondos humano-. ¿Podría ser el Buffett de la próxima generación un súper algoritmo? El reto que afronta el mundo de la inversión es que la mente humana no ha mejorado con respecto a hace 100 años y para alguien que use métodos tradicionales le resulta muy difícil asimilar en su cabeza toda la información de la economía global, decía el año pasado en una conferencia David Siegel, copresidente de Two Sigma: "Llegará un día en el que ningún gestor de inversiones humano sea capaz de superar a la computadora".

Servicio de atención al cliente.

El desarrollo de sistemas que tienen la capacidad de reconocer el lenguaje natural y contestar en un lenguaje comprensible para el ser humano ha permitido el avance de sistemas de Inteligencia Artificial para brindar servicio al cliente. Grandes compañías han invertido en sistemas que instalan en enormes centros de llamadas telefónicas con contestadoras automáticas que atienden al público.

Marín Frascaroli, Director y Fundador de AIVO, compañía encargada de desarrollar software de servicio al cliente con base en la Inteligencia Artificial comenta: El objetivo principal de las empresas en cuanto al servicio al cliente, debe estar enfocado en resolver las necesidades del consumidor de forma inmediata para lograr la lealtad de los mismos. Sin embargo, ¿cuál es la clave para lograr este objetivo? Lo principal es construir una nueva experiencia de interacción entre ellas y sus clientes. El consumidor de hoy está más informado, está en constante comunicación y es autosuficiente, y esto para las empresas ha representado un gran reto, ya que existe la constante duda sobre ¿cómo satisfacer a un cliente con este perfil? Aquí es donde entra el papel de la Inteligencia Artificial, una excelente herramienta que dota a la marca de agentes virtuales enfocados a la rápida atención al cliente.

Utilizar soluciones que permitan optimizar el uso del recurso humano y a su vez resolver las necesidades del cliente sin esperas desde la primera interacción es crucial para crear lealtad entre los consumidores actuales. La Inteligencia Artificial permite crear modelos de relaciones similares a los que haría un humano para encontrar la información, emular su forma de pensar y dialogar de forma natural, por lo que permite atender a un usuario de la misma forma que un ser humano lo haría. Esto le permite a la empresa estar disponible las 24 horas del día, los siete días de la semana, tener la habilidad de hacer sugerencias de contenido si no posee la información solicitada, basada en interacciones similares con otros clientes, entender el lenguaje natural, múltiples formas de hacer preguntas, regionalismos, errores gramaticales, además de entregar reportes y respuestas personalizadas para una mejora continua. Ahora bien, no solo se trata de tener la mejor herramienta, también es importante la personalidad de la misma. Un asistente virtual debe ser empático, de esta forma transmitirá los valores de la compañía al comunicarse con los clientes, debe captar la intención para entender qué es lo que el cliente necesita resolver. Sus conocimientos sobre la compañía y sus productos deben ser profundos y deben tener integrado hasta el más mínimo detalle de los clientes, por lo que la empresa debe tener una base de datos amplia y actualizada constantemente.

En la medida en que los requerimientos que indica Marín Frascaroli se cumplan, los sistemas de atención al cliente basados en Inteligencia Artificial serán los que prevalezcan. Y para esto no falta mucho

Inteligencia Artificial en los juegos.

El origen de la aplicación de la Inteligencia Artificial en los juegos lo podemos ubicar en el año de 1956 cuando un grupo de estudiantes del Darmouth College se organizó para presentar una conferencia que tenía como finalidad demostrar que la computadora podía ejecutar funciones inteligentes. Prepararon varias demostraciones y entre ellos figuraron los dos primero juegos con Inteligencia Artificial: Arthur Samuel presentó un programa para jugar damas y Alex Bernstein demostró que la computadora podía jugar ajedrez.

A partir de entonces se han producido juegos cada vez más sorprendentes que apenas dejan duda de que los personajes tienen inteligencia semejante a la de un ser humano. Su capacidad de reacción, su habilidad para la toma de decisiones acertadas e incluso su capacidad para aprender de la experiencia es fascinante.

En un interesante artículo publicado en Internet con el título "La evolución de la Inteligencia Artificial en los videojuegos", **Guillermo Rodríguez** comenta los avances que han registrado los videojuegos en la última década y en dónde se encuentra el punto crítico para alcanzar un nivel superior en su calidad de inteligencia.

La Inteligencia Artificial o IA es uno de los puntos más importantes a la hora de estudiar y criticar un videojuego y mientras que hubo avances en los últimos años parece que se ha llegado a un tope y la verdadera inteligencia de nuestros aliados y enemigos virtuales se ha estancado. Pero, ¿Qué depara el futuro? ¿Tendremos enemigos más astutos, capaces de rastrear nuestros pasos? ¿Y qué tal aliados que nos cubran la espalda en el momento justo?

Uno de los primeros juegos en sorprender por la IA de sus jugadores fue Half-Life donde nuestros enemigos eran tan astutos que podían flanquearnos y combinar granadas con rifles para inmovilizarnos en cuestión de segundos. Un verdadero reto para aquellos que estábamos acostumbrados a enemigos más pasivos.

Luego de Half-Life juegos como Thief, donde la experiencia pasaba más por el sigilo y la actitud defensiva, mostraron que una IA además de saber atacar podía reconocer alteraciones en el escenario y alertarse por ruidos, tanto de nuestro personaje como de cualquier otro elemento.

Otros ejemplos del avance de la IA se dieron con shooters como Unreal Tournament y Halo. En este período de tiempo los juegos shooter y de acción donde los enemigos activos formaban parte principal de la aventura crecieron y crecieron sin cesar. Por otra parte, juegos como los clásicos Tycoon al estilo Sim Theme Park o Theme Hospital utilizaban Inteligencia Artificial basada en protocolos básicos donde un estilo de personaje reaccionaba básicamente siempre de la misma forma, algo muy alejado de una verdadera IA.

Desde aquel momento hasta ahora muchos juegos han dado una buena muestra de lo que una Inteligencia Artificial puede lograr, sin embargo, aún estamos mucho más cerca de la palabra "artificial" que de "inteligencia".

Las nuevas tecnologías y los dispositivos de mayor capacidad han permitido a los desarrolladores crear motores más poderosos para los personajes no jugadores y con esto

Inteligencia Artificial mejorada. Sin embargo, el avance se ha dado más en forma horizontal que vertical, no es tanto que las inteligencias hayan mejorado sino que ahora se puede crear más cantidad de personajes simultáneamente y mayor diversidad de acciones para los mismos.

Un caso de esto es Far Cry 3 donde los animales cuentan con una Inteligencia Artificial muy avanzada y donde no solo estos se mueven de un lugar a otro, sino que también cazan, se esconden, huyen, y cambian de actitud dependiendo su entorno. Más allá de esto, que puede parecer muy bueno para animales, no parece tan increíble cuando se la adapta a un personaje humano, que en la vida real podría presentar muchas más variables y acciones.

Si continuamos hablando de Far Cry 3 debemos decir que este juego cuenta con una de las Inteligencias Artificiales más trabajadas hasta el momento y la cantidad de actitudes que puede adoptar un enemigo es bastante amplia y cambiante. Igualmente no se aleja mucho de lo que veíamos 10 años atrás con juegos como Thief. Pero, ¿Por qué pasa esto? ¿Por qué no se ha avanzado en esta materia luego de tantos años?

El hecho es que sí se ha avanzado, pero no en materia de opciones ya que en juegos FPS los enemigos cuentan con un limitado número de posturas, por ejemplo, ellos pueden estar alertas, calmados, a la defensiva o al ataque. En el juego no interesa realmente si el enemigo tiene hambre o sueño. Sin embargo, se ha avanzado en un proceso que permite a estos enemigos recolectar información y en relación a esto cambiar su actitud a priori.

Las nuevas tecnologías permiten mayor cantidad de información y velocidad para procesar esta Inteligencia Artificial, pero se necesita que los programadores trabajen más en desarrollar estas inteligencias para que se mejore. Al parecer ya no es un asunto de hardware lo que limita a los mismos sino de repensar cómo debe funcionar una Inteligencia Artificial. Por otra parte las IA utilizadas en juegos de estrategia como Crusader King presentan actitudes diferentes a las de un FPS y algunos desarrolladores afirman que ya se ha llegado al límite de su capacidad.

De esta forma podemos continuar agregando acciones a los personajes, podemos hacer que corran, que se rasquen, que miren y toquen algo, que interactúen entre ellos, pero lograr que estos personajes tomen decisiones inteligentes basadas en "proceso mentales artificiales" es otra tarea mucho mayor. Dependerá de los desarrolladores y su capacidad para crear procesos que emulen la realidad para que esto mejore. Y por los avances que se registran parece que hacia allá van.

Vehículos autónomos.

El automóvil se inventó hace más de 100 años y en todo ese tiempo se ha mejorado sustancialmente en su parte mecánica, la comodidad de su interior, el uso eficiente de combustible, la facilidad de conducción y la seguridad para los pasajeros, pero ningún cambio será tan importante como la producción del vehículo autónomo gracias a la Inteligencia Artificial. Ya se encuentra en fase de experimentación un versátil y poderoso software para hacer realidad y de uso común el automóvil autónomo sin conductor que se guiará por cámaras, sensores, GPS y radares que generarán una gran cantidad de datos que serán procesados por un software que deberá tener Inteligencia Artificial para poder decidir.

Varias empresas dedicadas a la Informática y a la industria automotriz ya contemplan en sus planes de expansión la producción comercial de vehículos autónomos. Google, el gigante de las búsquedas y la publicidad en Internet es una de las empresas pioneras en este campo. Sus vehículos ya pueden verse en calles y carreteras en vías de experimentación. Empresas automotrices como BMW, Mercedes Benz, Audi, Honda, Nissan, Toyota, General Motors y Ford ya están dedicadas a la investigación de vehículos autónomos. **En este campo la calidad del software de Inteligencia Artificial será el índice que marque la diferencia para alcanzar el éxito en el mercado automotriz.**

Una de las pioneras en la producción de software de IA para aplicarlo a la conducción de un automóvil autónomo es **Teresa de Pedro**, también una de las primeras mujeres dedicadas a la Informática en España. Graduada en 1967 en Ciencias Físicas por la Universidad Complutense de Madrid inició sus actividades en computación programando en IBM 1620, una de las primeras computadoras (Ordenadores, se dice en España) que llegaron a Madrid en la década de los sesenta. Más adelante desarrolló uno de los primeros programas de Inteligencia Artificial y software para vehículos sin conductor. Sin embargo, las condiciones de la tecnología en ese entonces no le permitieron hacer realidad sus sueños, pero la semilla cayó en tierra fértil y años después habría de fructificar.

El interés de Google por los coches autónomos se remonta al año 2005 cuando el equipo liderado por Sebastian Thrun, profesor de Stanford y fundador de Google X ganó, con un coche llamado Stanley, la carrera de vehículos autónomos DARPA Grand Challenge, promovida por el Departamento de Defensa de los Estados Unidos. Años más tarde, apoyado en su enorme capacidad tecnológica, Google inició los planes para la producción de un automóvil autónomo en los albores de la década del 2010. Poco tiempo después ya tenía un primer prototipo circulando en los alrededores de la empresa y cinco años más tarde obtuvo del Departamento de Vehículos Automotores del estado de California un permiso para que sus automóviles autónomos conducidos con software de Inteligencia Artificial circularan por calles y carreteras del estado. En 2016 Alphabet, la empresa matriz de Google, da un nuevo paso en el desarrollo del coche autónomo al anunciar que este proyecto operará bajo una empresa completamente independiente en su estructura corporativa. **La nueva filial recibe el nombre de Waymo** y permitirá dar una visibilidad propia a los avances que vaya experimentando esta tecnología, una de las grandes apuestas de la firma de Mountain View que ahora quiere explotar. El nombre de esta empresa de Alphabet dice mucho: Waymo, Camino móvil o un nuevo camino en la movilidad. John Krafcik, el director del programa de automóviles autónomos afirma que la decisión de separarla en una compañía independiente es "una indicación de la madurez" que alcanzó ya su tecnología.

IBM, la empresa pionera en la producción de computadoras y que ahora se dedica principalmente a la producción de software, también ha querido entrar en la producción de autos autónomos con Inteligencia Artificial. Olli, un vehículo autónomo con capacidad para 12 personas es la primera incursión de IBM en este campo. Olli es un automóvil para circular en espacios reducidos y a baja velocidad. Está proyectado para servir dentro del campus de una universidad, una empresa, un parque de diversiones o como vehículo de turismo en una ciudad. Gracias a su sistema de Inteligencia Artificial puede responder a preguntas de sus pasajeros. Por ejemplo, puede decir qué lugares de interés, restaurantes o museos se encuentran cercanos a su ruta.

La empresa automotriz Ford ha dado un importante paso para entrar de lleno en la producción de vehículos autónomos con Inteligencia Artificial y se propone entrar al mercado antes del 2021. Para lograr su objetivo ha hecho una inversión de 1,000 millones de dólares para adquirir una incipiente empresa del segmento de la Inteligencia Artificial. De esta forma Ford tendrá el control mayoritario de Argo AI, una empresa con sede en Pittsburgh puesta en marcha recientemente por ex empleados de Google y Uber especializados en automóviles autónomos. Esta alianza le permitirá a Ford disponer de ingenieros y expertos en robótica para desarrollar un "conductor virtual" que, según Ford, será el "cerebro" del futuro automóvil. Los empleados de Argo AI tendrán una participación minoritaria en la empresa y ejecutivos de Ford dijeron que confían en que importantes proyectos serán seducidos por el proyecto.

La estrategia de la automotriz Tesla no se limita a la producción de automóviles eléctricos, la empresa liderada por Elon Musk también quiere ser líder en la fabricación y venta de automóviles autónomos con Inteligencia Artificial. Elon Musk ha dicho: "Creo que todos los coches funcionarán de forma totalmente autónoma en el largo plazo. En 15 o 20 años será bastante raro ver coches que no tengan plena autonomía. Y en el caso de Tesla sucederá mucho antes. De hecho, creo que los coches que no tengan plena autonomía tendrán valor negativo. Será como ser dueño de un caballo, únicamente lo seremos por razones sentimentales". En una atrevida declaración sobre el futuro de los automóviles marca Tesla, Elon Musk ha declarado que los automóviles eléctricos que han causado sensación podrán ser 100% autónomos para finales de 2019. Esto ha hecho que sus competidores apuren el paso para no quedarse fuera del mercado.

Es cierto que ya se han registrado los primeros accidentes con automóviles de conducción autónoma, pero esto no ha detenido el avance de la aplicación de la Inteligencia Artificial y seguramente que en el futuro cercano veremos más autos circulando sin chofer. Así que no se sorprenda si encuentra alguno en su camino.

Inteligencia Artificial militar.

El ejército se ha destacado por ser un importante impulsor de la tecnología para uso militar. Los cálculos de balística, descifrar códigos del enemigo y producción de armamento cada vez más sofisticado han llevado al ejército a invertir grandes sumas de dinero y de recursos tecnológicos para mantenerse a la cabeza en la innovación. Recordemos que la computadora Colossus se construyó en Inglaterra precisamente para descifrar los códigos de comunicación del ejército alemán y en los Estados Unidos se han producido las primeras computadoras para el servicio del ejército. Internet nació bajo los auspicios del Departamento de la Defensa en los Estados Unidos trabajando en vinculación con varias universidades.

La Inteligencia Artificial es un campo muy atractivo para el ejército y actualmente trabaja de manera cercana con los centros de investigación y desarrollo para mantenerse como punta de lanza en la innovación. No resulta sorprendente el hecho de que el ejército de los Estados Unidos mantenga precisamente en Silicon Valley una oficina para estar en contacto con investigadores y empresas a fin de conocer de primera mano los adelantos en la materia.

La Inteligencia Artificial facilita la posibilidad de acceder a cantidades masivas de datos y poder procesarlos cada vez más rápido con el fin de descubrir relaciones entre ellos, detectar patrones y realizar inferencias y aprendizaje mediante modelos probabilísticos para aplicarlos en la construcción de equipo y armamento cada vez más sofisticado y letal.

Así como se ha llegado a producir un automóvil autónomo con capacidad para tomar decisiones, así también se está experimentando en la producción de armamento autónomo con capacidad de decisión para disparar contra un objetivo cuando lo decida el sistema de Inteligencia Artificial con el que ha sido programado. Esta es una de las situaciones en donde la Inteligencia Artificial podría representar un riesgo fatal para la humanidad.

Un ejemplo de la producción de armamento con autonomía lo encontramos en la empresa Kratos Defense & Security Solutions con oficinas en San Diego, California que trabaja activamente en la producción de drones de combate para minimizar las bajas en combate aéreo. El diario The Washington post da cuenta de la experimentación con los drones UTAP-22 Mako y XQ-222 Valkyrie, este último muy diferente a lo que se entiende por un dron y más cercano a un caza pilotado por humanos con una autonomía cercana a los 6,000 kilómetros. Según el Washington Post, sus características le convierten en un vehículo capaz de acompañar en vuelo a los F-16 o F-35 como ideales compañeros de combate para distraer la atención del enemigo sin arriesgar la vida de seres humanos.

Por su parte, Rusia no quiere quedarse atrás en la carrera militar con IA y está desarrollando nuevos misiles y aviones no tripulados que usarán Inteligencia Artificial para tomar decisiones por sí mismos, según fabricantes de armas y funcionarios de defensa, en un intento por igualar el poderío militar contra Estados Unidos y China. Boris Obnosov, director general de Tactical Missiles Corporation, dijo que la nueva arma estaría disponible en los próximos años. Hablando en el MosAeroShow anual de Zhukovsky (MAKS- 2017), Obnosov dijo a los asistentes que estudió el uso de Estados Unidos del misil de crucero Raytheon Block IV Tomahawk contra los aliados de Rusia en Siria y buscó emular su tecnología avanzada, como la capacidad de cambiar de blanco en pleno vuelo, en una próxima arma. "Este es un campo muy serio en el que se requiere investigación fundamental y hoy en día hay ciertos éxitos disponibles, pero todavía tendremos que trabajar durante varios años para lograr resultados específicos", dijo Obnosov, de acuerdo con la agencia estatal de noticias TASS Russian. Aunque técnicamente cualquier sistema de ataque militar dotado con IA es capaz de tomar sus propias decisiones basadas en diversos sensores e instrumentos, el concepto de dar a un arma el poder de elegir sus objetivos y decidir cuándo y cómo dispararles ha sido una innovación mucho más reciente y controvertida.

La firma rusa Kalashnikov, creadora del AK-47 conocido como cuerno de chivo, recientemente presentó su nueva línea de robots de combate autónomos controlados por un sistema de Inteligencia Artificial. Estos robots estarían capacitados para abrir fuego de forma automática cuando detecten algún intruso, todo sin necesidad de intervención humana.

Preocupados por el uso indebido de la Inteligencia Artificial en la producción de armamento militar más de un millar de expertos en tecnología, científicos y filósofos firmaron una carta en contra del desarrollo de armas de Inteligencia Artificial que se presentó en la Conferencia Internacional de Inteligencia Artificial celebrada en Buenos Aires en julio del 2015. Los científicos rubricaron un texto que advierte sobre la aplicación de la Inteligencia Artificial al desarrollo de armas a nivel global, ya que es "factible" que en cuestión de "años, no décadas" nos encontremos con **equipos capaces de seleccionar, fijar y atacar objetivos sin ninguna intervención humana.** Los expertos hacen hincapié en el riesgo de que esta tecnología acabe en manos de terroristas. "Si algún poder militar principal empuja hacia el desarrollo de armas de Inteligencia Artificial, una carrera armamentística global es virtualmente inevitable y el final de esta trayectoria tecnológica es obvio: las armas autónomas se convertirán en los Kalashnikovs del mañana" afirma la carta signada. Los Estados Unidos, Rusia y China, en ese orden, se consideran las principales potencias militares del mundo y sobre ellos recae esta gran responsabilidad.

Inteligencia Artificial en la educación.

La producción de software dedicado a la educación inició con la computadora de gran tamaño y cobró un renovado auge con la computadora personal. Surgieron importantes compañías dedicadas íntegramente a la producción de software educativo. Spinnaker es uno de los mejores ejemplos de estas nuevas empresas de software. Realizó un cuidadoso estudio del mercado y llegó a la conclusión de que sería más oportuno enfocarse en la producción de software educativo y hacia ese campo enfocaron sus baterías. Años más tarde, las nuevas tecnologías fueron mejorando los sistemas aplicados a la educación y cuando cobra fuerza la Inteligencia Artificial se abre una gran puerta hacia la utilización de la Informática aplicada en los programas de educación en todos los niveles académicos, desde el kínder hasta el doctorado. Algunas universidades han reforzado sus programas de estudio con Inteligencia Artificial y han logrado alcanzar éxito y reconocimiento con sus programas educativos en Internet como la Universidad de Phoenix, la Universidad a Distancia de Madrid e incluso las grandes y reconocidas universidades que han abierto sus programas de educación en línea como Harvard y el Massachusetts Institute of Technology (MIT),

La Inteligencia Artificial está entrando con gran fuerza en la educación. Son varios los campos de su aplicación y aquí presentamos cinco formas en que la IA puede apoyar a la educación:

- **Programas educativos adaptados a los estudiantes.** Un ejemplo de educación adaptada a las necesidades de los estudiantes es la herramienta desarrollada por la editorial de libros de texto McGraw-Hill. La plataforma online, que utiliza Inteligencia Artificial, reacciona al progreso de cada alumno y diseña cursos enfocados en sus puntos débiles. Esto significa que habrá un programa específico pensado en las limitaciones y ventajas de cada estudiante en lugar de modelos generales para todos los alumnos. La herramienta sirve también para profesores ya que permite dar seguimiento a cada uno de los estudiantes y responder de acuerdo a sus necesidades.

- **Ofrecer una enseñanza multi-canal.** La integración de la IA en la educación produciría una descentralización de los espacios educativos. Mediante la implementación de estos sistemas, los estudiantes serán capaces de aprender sin importar dónde se encuentren. Tecnologías como realidad aumentada e Internet de las cosas contribuirán con la Inteligencia Artificial para ofrecer una experiencia educativa más integral, atractiva y profunda. El alumno adquirirá conocimientos básicos, y conforme estos se perfeccionan, los servicios serán cada vez más complejos y refinados en la educación a distancia y la educación continua.

- **Ayudarle al profesor a calificar.** De aplicarse de manera extendida, la Inteligencia Artificial desempeñaría funciones en el ámbito educativo como calificar, lo que daría al profesor el tiempo necesario para actualizarse o dedicar la atención que cada alumno requiere de él. La docencia, como muchas otras profesiones, es una carrera en la que el profesional debe mantenerse actualizado pues el conocimiento se renueva con cada avance, por lo que este tipo de herramientas resultarían invaluables como apoyo.

- **Nuevas herramientas de aprendizaje.** El desarrollo de la IA propiciará la creación de nuevas herramientas de enseñanza, por ejemplo, el sistema de Inteligencia Artificial de IBM, Watson. Su herramienta Teacher Advisor permite orientar a profesores de primaria y los provee de herramientas de aprendizaje para los alumnos, personalizadas de acuerdo a tema, grado escolar y tipo de actividades. El gran diferenciador del Teacher Advisor de

Watson es que, al estar impulsada por Inteligencia Artificial, su motor de búsqueda se refina con cada uso, ofreciendo resultados cada vez más certeros y relevantes. Otra herramienta de apoyo a profesores es G Suite for Education de Google, que aprovecha la IA para crear experiencias educativas más completas y eficientes. Actualmente se compone de herramientas ya conocidas de Google como Docs, Drive, Gmail y Calendar, pero diseñadas con características inteligentes que facilitan la vinculación con estudiantes y profesores.

- **Enseñanza sin barreras.** En ocasiones aprender puede llegar a ser una experiencia intimidante que puede ocasionar que los estudiantes frenan su proceso de aprendizaje por miedo a equivocarse. La Inteligencia Artificial ofrecería a los alumnos una alternativa para experimentar y aprender sin temor a ser juzgados o a convertirse en objeto de burlas; la Inteligencia Artificial, como los estudiantes, perfecciona y afina sus conocimientos cuando aprende de sus errores. Aun cuando probablemente no veremos un cambio importante en materia de tecnologías de IA en los próximos 10 o 20 años, es importante señalar la velocidad con la que se desarrolla esta tecnología que se integra cada vez más a diferentes aspectos de nuestras vidas.

Steve Wozniak, el cofundador de Apple, está convencido de que el futuro para alumnos y docentes pasa por la aplicación de sistemas de Inteligencia Artificial en Educación combinados con aplicaciones de realidad virtual que darían un giro de 180 grados a la experiencia de aprendizaje. Wozniak dice: "Si una computadora fuera como un ser humano y conociese todo lo que nos gusta, todos los estudiantes podrían tener un profesor que les dirigiera desde muy jóvenes hacia aquello que les apasiona y en lo que realmente podrían ser buenos".

Asistente virtual con voz

Un asistente virtual con voz es un programa de computación o software dotado con un cierto grado de Inteligencia Artificial que ayuda a usuarios de sistemas computacionales automatizando y realizando tareas con la mínima interacción hombre-máquina. La interacción que se da entre un asistente virtual y una persona se realiza mediante la voz del ser humano y la imitación de la voz por el asistente (un móvil o una computadora). La interacción debe ser natural: la persona usa su voz para comunicarse y el asistente virtual lo procesa, interpreta y responde.

Las grandes empresas de Informática y de comunicaciones han desarrollado su propio asistente virtual con voz para integrarlo a sus teléfonos inteligentes, computadoras, motores de búsqueda o sistemas de ayuda al usuario y así tenemos a Siri, Cortana, Google Assistant, Bixby, Alexa, Silvia, Alice, Sherpa, etc.

Algunos realizan tareas realmente sofisticadas para comunicarse y ayudar al usuario. Para ilustrar su funcionamiento y capacidades tomaremos como ejemplo a Siri, el asistente de Apple. Siri ha sido parte integral del sistema operativo iOS desde el lanzamiento de iOS 5 en 2011. Comenzó con conceptos básicos como el clima y la mensajería, pero se ha ampliado de manera muy importante desde entonces para soportar más integración y funciones. Ahora se le puede pedir que llame a personas, envíe mensajes, programe reuniones, inicie aplicaciones y juegos, reproduzca música, responda preguntas, establezca recordatorios y proporcione pronósticos meteorológicos. Siri también puede integrarse con aplicaciones de terceros y comprender las consultas de seguimiento. Ese es un gran cambio en la estrategia de Apple.

El avance de la tecnología permitirá que los asistentes digitales de voz que ahora se encuentran instalados y operando en los teléfonos digitales se conviertan en asistentes personales en el hogar. Esto permitirá que un asistente dentro de su hogar le ayude a controlar el funcionamiento de los aparatos eléctricos incluyendo la televisión, el refrigerador, la lavadora de ropa y, por supuesto, el teléfono.

Se estima que para el año 2020 será algo común tener un asistente dentro del hogar conectado a Google para realizar las búsquedas de información, recetas de cocina, estado del tiempo, noticias y todo lo que se necesita en la actividad de cada día. Por supuesto, su asistente le llevará la agenda e incluso podrá establecer una conversación para hacer el día más ameno. Conforme avance la Inteligencia Artificial su asistente incrementará su nivel de inteligencia hasta el punto de no distinguir entre un ser humano y un asistente digital con voz. En ese momento se habrá cumplido la prueba de Turing y habrá empezado la era de la Inteligencia Artificial Total.

EPÍLOGO

¿Está lista y preparada la humanidad para recibir a la Inteligencia Artificial Total?

El ser humano se ha enseñoreado durante cientos de miles de años sobre la faz de la Tierra y ha logrado dominar a otros seres vivos gracias a su mayor capacidad intelectual. La evolución de su inteligencia le ha permitido usar una piedra, un palo o un hueso como herramienta primigenia o como arma de defensa.

El desarrollo lento pero constante de su inteligencia le ha llevado a moldear el barro, fundir el metal, tallar la madera, labrar la tierra, domesticar a los animales, construir guaridas, producir a voluntad el fuego y controlarlo, cubrir su cuerpo para protegerlo de las inclemencias del clima, preparar y conservar sus alimentos, aprender para aumentar sus conocimientos, educar a sus hijos, inventar la escritura para comunicarse y conservar sus recuerdos, conducir y almacenar el agua, usar las plantas y otros remedios para cuidar su salud.

La chispa de la inteligencia ha sido factor inagotable para llevarle a cruzar los mares, volar como las aves y conquistar el espacio. Su brillante intelecto le ha permitido producir y controlar la electricidad, desatar la fuerza de los átomos, alcanzar con la vista a las estrellas y posarse sobre la Luna. Le ha inspirado para alcanzar expresiones refinadas de la inteligencia como la religión, la música, la literatura, la filosofía, la lógica, la ética, la poesía y desarrollar el sentido común.

La ciencia y la tecnología le han llevado a construir máquinas para imitar su inteligencia. Así es. Aunque parezca increíble, está trabajando con gran esmero para conferirle a un ente inanimado el gran poder de la inteligencia. Sí, esa inteligencia que le ha permitido inventar tantas cosas y que le ha llevado a ser y sentirse la especie elegida y consentida del Universo. Esa inteligencia que le ha dado a la humanidad la sabiduría para ejercer un control sobre el planeta Tierra.

Dentro de pocos años, un instante en comparación con la existencia del Universo, el ser humano producirá una máquina con inteligencia y capacidad para aprender, auto mejorarse y llegar a ser más inteligente que él mismo. Este acontecimiento será una singularidad porque nunca antes había sucedido.

¿Cómo afectará este gran acontecimiento a la vida del hombre? ¿Está preparado para recibir a una inteligencia superior? ¿Podrá convivir con entes más inteligentes? ¿Se someterá a su dominio o los controlará? Más vale pensar en esto y tomar las necesarias providencias a tiempo.